MUTH · ZWISCHEN

Cornelia Muth, Professorin Dr. phil. habil. für Pädagogische Anthropologie an der University of Applied Sciences in Bielefeld. Diplom- und Gestaltpädagogin. Themen: Transkulturelle Erwachsenenbildung, Dialogisches Lernen und Praxisentwicklungsforschung. In der Edition GIK ist bereits ein weiteres Buch von ihr erschienen: »Heilende chassidische Geschichten: Martin Buber für Gestalttherapeutinnen und Gestalttherapeuten«.

therapeutenadressen service
Praxisadressen von Gestalttherapeutinnen u. -therapeuten. Infos siehe letzte Buchseite

Cornelia Muth

Das Zwischen!?

Eine dialog-phänomenologische Perspektive

Herausgegeben und mit einem
Geleitwort von Erhard Doubrawa

gikPRESS

ORIGINALAUSGABE
© 2015 by Cornelia Muth
© 2015 by gikPRESS, Zülpicher Str. 255, 50937 Köln, Germany
Umschlag unter Verwendung eines Acrylbildes
der Künstlerin Georgia von Schlieffen (siehe S. 6)
Herausgeber der gikPRESS: Erhard Doubrawa
Herstellung und Verlag:
BoD – Books on Demand, Norderstedt
Alle Rechte vorbehalten
ISBN 978-3-7386-4022-9

INHALT

Geleitwort von Erhard Doubrawa — 7

1. Das Zwischen für eilige Leser*innen — 11
2. Das Zwischen für eilige und tiefgründige Leser*innen — 13
3. Zur dialog-phänomenologischen Perspektive — 15
4. Das Zwischen bei Martin Buber — 21
5. Das Zwischen im philosophischen Diskurs — 41
6. Das Zwischen in gestalttherapeutischer Diskussion — 51
7. Neue Einsichten über das Zwischen?! — 65
8. »Drei Strophen für das werdende Zeitalter« — 67

Literatur — 69

ZUR KÜNSTLERIN DES COVERS
GEORGIA VON SCHLIEFFEN

Georgia von Schlieffen, geb. 1968. »Seit meiner Studienzeit intensive Beschäftigung mit der Malerei. Jedoch ging ich ersteinmal ganz andere Wege über ein Studium der Vergleichenden Religionswissenschaft und der Internationalen Beziehungen und einer mehrjährigen Tätigkeit im Bereich Projektmanagement und Flüchtlingsarbeit für mehrere Nichtregierungsorganisationen. 2010 nahm ich an Studienwochen bei Markus Lüpertz und Gotthard Graubner an der Reichenhaller Akademie teil. Seit 2011 studiere ich Malerei bei Professor Jerry Zeniuk, Akademie für Farbmalerei, Kunstakademie Bad Reichenhall.«

Georgia von Schlieffen illustrierte zwei Lyrik-Bände von Stefan Blankertz, »Ambrosius: Callinische Hymnen« und »Ruan Ji: Zustandsbeschreibungen«.

Bitte besuchen Sie die Seite der Künstlerin auf *theartstack.com* oder verbinden Sie sich auf *linkedin.com* mit ihr.

ZUM GELEIT
ERHARD DOUBRAWA

Du bist ich, und ich bin du.
Zeigt sich nicht deutlich, dass wir
miteinander verbunden,
ineinander verwoben sind?
Du hegst die Blume in dir,
damit ich schön werde.
Ich verwandle den Unrat in mir,
damit du nicht leiden musst.
– Thich Nhat Han's Antwort auf
das sogenannte »Gestaltgebet« von F. S. Perls

»Was Martin Buber ›Begegnung‹ nannte, das nennen wir in der Gestalttherapie ›Kontakt‹« – so oder zumindest so ähnlich hat Lore Perls, die Mutter der Gestalttherapie, geantwortet, als wir Gestalt-Trainees sie in den 1980er Jahren nach dem Zusammenhang von Martin Bubers dialogischer Philosophie und der gestalttherapeutischen Haltung und Arbeitsweise befragten.
Weiter hat sie ausgeführt, dass sie zutiefst berührt und inspiriert davon gewesen ist, Martin Buber in seinen Vorlesungen im Rahmen des *Studium Generale* am Jüdischen Lehrhaus an der Johann Wolfgang Goethe-Universität in Frankfurt am Main zu lauschen. Sie hat sich mitten im Hörsaal von ihm »fast persönlich angesprochen und gemeint« erlebt.
Und dann berichtete sie weiter davon, dass sie als Psychoanalytikerin »natürlich« zuerst immer hinter ihren Klientinnen und Klienten gesessen hat, die vor ihr auf der Couch lagen. Und dass der erste Schritt in Richtung dialogischer Begegnung in der

Therapie für sie war, sich ihren Klientinnen und Klienten gegenüber zu setzen – auf gleicher Augenhöhe.

Die Gestaltpädagogin, Dialog-Forscherin und Hochschullehrerin Prof. Dr. Cornelia Muth und mich als Gestalttherapeuten, Gestaltausbilder und Publizist eint ein gemeinsames Herzensanliegen: Das Engagement für eine explizit dialogische Gestalthaltung und eine daraus resultierende phänomenologische (therapeutische) Arbeitsweise.

Schon als sie die ersten Skizzen des hier vorliegenden Buches auf der Jahrestagung 2014 unserer Gestalttherapie-Zeitschrift »Gestaltkritik« im »Gestalt-Institut Köln (GIK)« präsentierte, war ich begeistert. Und heute ist es mir eine besondere Freude, Ihnen – liebe Leserinnen und Leser – das erste deutschsprachige Buch, das das »Zwischen« im Titel trägt, als Herausgeber in die Hände legen zu dürfen.

Es reiht sich, wie ich finde, sehr gut in die vorhergehenden Gestalt-Publikationen der »Edition GIK« ein – so u. a. den Büchern der namhaften Gestalttherapeuten Gordon Wheeler (»Jenseits des Individualismus«) und Erving Polster (»Zugehörigkeit«).

Ich wünsche Ihnen wie immer viel Freude bei der Lektüre und bin mir sicher, dass Sie mindestens ebenso viele Anregungen daraus gewinnen werden, wie ich selbst es konnte.

Erhard Doubrawa, Herausgeber
Gestalt-Institute Köln & Kassel (GIK)

Allen Menschen,
die mir ein Gegenüber waren
gewidmet,
insbesondere Erem, meinem achtjährigen Nachbarn.
Uns beiden – so wage ich zu behaupten – tat sich
während der Fußball-Weltmeisterschaft 2014
ein spielerisches Zwischen auf!

1. DAS ZWISCHEN FÜR EILIGE LESER*INNEN

Das Zwischen ist sowohl existentielle Praxis als auch Begriff für einen Wahrnehmungsmodus. Das Zwischen hat demnach zwei Seiten: Die eine zeigt sich im Dialog, die andere im Denken, Erfahren und Sprechen. Die erste steht für die dialogische Seite, die andere betrachte ich als phänomenologische. Dialogisch heißt, dass mein Sein immer ein Mit-Sein mit anderen Menschen ist; phänomenologisch bedeutet, dass ich mir leibhaftig bewusst werde, in welchem Modus ich die Welt und meine Mitmenschen wahrnehme.

In der lebenspraktischen Umsetzung deckt sich das Zwischen als unendliches Üben und liebevolles Experimentieren auf. Als philosophisches Konzept, d. h. wenn ich das Zwischen mental durchdringe, sehe ich Parallelen zum anarchistischen Denken von Gilles Deleuze: Das Sein ist immer ein Prozess. Auch wenn wir damit »un-eins« sind, können wir lustvoll unterwegs sein, die Welt bejahen und »anders« werden. Für den Akt des Lesens meinte der französische Philosoph: »In einem Buch gibt's nichts zu verstehen, aber viel, dessen man sich bedienen kann. Nichts zu interpretieren und zu bedeuten, aber viel, womit man experimentieren kann. Ein Buch muß mit etwas anderem ›Maschine machen‹, es muß ein kleines Werkzeug für ein Außen sein« (Ders. nach Ingrid Breuer 1996, 71). In diesem Sinne könnte ein Raum zwischen Ihnen, werte Leser*innen und dem Geist meiner und den Gedanken Anderer sich auftun. Im zweiten Vorwort der französischen Ausgabe von »Ich und Du« kürzt Gaston Bachelard (1969, 8) dieses Geschehen mit »entre ? et !« ab und beschreibt damit die Verantwortung, zu fragen, wer das Ich ist und auf das Du zu achten, denn es ist anders als Ich.

2. DAS ZWISCHEN FÜR EILIGE UND TIEFGRÜNDIGE LESER*INNEN

Das Zwischen, auf das der Dialogphilosoph Martin Buber hinweist, steht im Fokus des hier Geschriebenen. Buber hat es nicht als erster er- und gefunden. Er hat Vorgänger*innen und Nachfolger*innen. Seine Hauptquellen für die Entwicklung seines zwischenmenschlichen Denkkonzeptes sind sein eigenes Leben und, so sagt er selbst, Philosophen wie z. B. Jacobi, Feuerbach, Kierkegaard, Cohen, Rosenzweig und Marcel (vgl. Buber 1992, 299 ff.). Das Zwischen als existentielle Praxis ist wahrscheinlich so alt wie die Menschheit. In Europa taucht es laut Theunissen (2004, 1543 ff.) als philosophischer Begriff bei Platon als »Ambivalenz« und bei Aristoteles als Element einer Wahrnehmungstheorie auf. Er nennt es das »Zwischen des Tastsinns« (ebd. 1546). Pascal spricht von einem Ort, der zwischen Nichts und Allen liegt. Kant meint, es gibt etwas, was weder vorher unbestimmbar noch nachher empirisch überprüfbar ist. Nach Husserl könnte es eine »Gelegenheitsweise« sein. Für Heidegger ist die »Sorge ein Dasein des Zwischen« (ebd. 1547). Doch kein anderer als Martin Buber hat in Europa, USA und in Israel unermüdlich auf das dialogische Zwischen als existentielle Praxis hingewiesen. Für ihn ist das Zwischen die »Urchance des Sein(s)« (Buber 1992, 301).

Der japanische Psychiater Kimuro setzt Bubers Zwischen mit dem japanischen Wort-Begriff *Ki* gleich. Er will damit eine soziale Zwischensphäre bezeichnen (vgl. Theunissen ebd.). Yamaguchi betrachtet es als Ort, wo »es im Sein atmet« (Ders. 1997, 234). Von der Spur dieser Atem-Chance handelt nun das Folgende.

3. ZUR DIALOG-PHÄNOMENOLOGISCHEN PERSPEKTIVE

Mit dem Begriff des Zwischen scheint auf den ersten Blick ein Raum zwischen zwei Menschen oder Dingen, aber ebenso zwischen der Natur und geistigen Phänomenen gemeint zu sein. Hingegen ist das Zwischen für den Philosophen Martin Buber überhaupt Bedingung für eine Bewegungsform des Menschen, in kurzen Worten die gegenseitige Hinwendung zum Gespräch. So umfasst das Zwischen das Ich und das Du einerseits, wenn der Dialog in der Gegenwart vollzogen wird. Betrachten wir andererseits das Zwischen als Gegenstand, befinden wir uns laut Buber im so genannten Ich-Es-Modus. Sind wir jedoch Teil des aktuellen Zwischenmenschlichen, leben wir im Ich-Du-Modus und befinden uns im Zwischen.

Lege ich das Zwischen hier in einem Text dar, so wird es Gegenstand meiner Betrachtung und meine phänomenologische Perspektive sichtbar. Phänomenologisch heißt hier im Sinne von Merleau-Ponty: Der Modus meines Zur-Welt-Seins zeigt sich. Denn seiner zugrunde liegenden These nach stehe ich als Autorin mit der Welt, insbesondere mit meiner Lebenswelt in einer uranfänglichen Einheit. Aus dieser Bezogenheit zur Welt ergibt sich, dass mein Bewusstsein immer auch ein Bewusstsein über meine Welt ist Dieses Bewusstsein ist leibgebunden und ein sogenanntes präreflexives, d.h. es ist schon vor dem Nachdenken über selbiges vorhanden (vgl. Schrage 2009, 11). Kurz zusammengefasst: Erst kommt das Leben, dann die Erkenntnis.

Mit anderen Worten: Ich bin mit einem in Worten gefassten

Phänomen verbunden, und zwar leibhaftig. Während ich das Zwischen als Raum nur im Ich-Es-Modus, im Modus des »Gewesenseins« beschreiben kann, ist das aktive Zwischen nicht dingfest zu machen, da es Hintergrund des dialogischen Ich-Du-Modus ist. Das Ich-Du verwirklicht sich dabei als das »Gegenwartende und Gegenwährende«:

> »Schaffen ist Schöpfen, Erfinden ist Finden. Gestaltung ist Entdeckung. Indem ich verwirkliche, decke ich auf!«

schreibt Martin Buber in seinem Klassiker »Ich und Du« von 1923 (1983, 11). Entsprechend pendeln wir Menschen und ich als leibhaftige Autorin zwischen den beiden Modi hin und her; philosophisch gesprochen befinden wir uns einmal in der phänomenologischen Perspektive im Ich-Es oder ein anderes Mal im dialogischen Sein. Doch letzteres ist, wie der Fuchs zum Kleinen Prinzen bei Saint-Exupéry sagt, WESENtlich UNSICHTBAR: »Das Wesentliche bleibt den Augen verborgen.« Und vorher sagt er: »Man sieht nur mit dem Herzen gut!«

Die Wahrnehmungsweise des Fuchses abzubilden, gleicht hier dem, wenn wir dem Zwischen auf die Spur kommen. Der Fuchs spiegelt lebenspraktisch eine dialog-phänomenologische Sichtweise auf das Zwischen wider: Über die Sinne allein können wir es nicht begreifen, denn es ist ein immaterieller Raum, wie Buber über die dialogische Sichtweise schreibt:

> »– Was erfährt man also vom Du? – Eben nichts. Denn man erfährt es nicht. – Was weiß man also vom Du? – Nur alles. Denn man weiß von ihm nichts Einzelnes mehr« (ebd.).

Nichtsdestotrotz braucht es zu diesem Geschehen eine Entscheidung zum »Ernstmachen ...«, die, so sagt Michel – ein Zeitgenosse Bubers –

> »... beginnt mit dem Aufhören des bloßen Betrachtens, oder vielmehr mit der Erkenntnis, daß Betrachten nur dann Wert hat, wenn es die Kraft besitzt, uns praktisch zu verpflichten« (Michel 1926, 18).

Michel meint damit wirkliche Verantwortungsübernahme, welche für Buber in der Liebe zwischen Ich und Du als »welthaftes Wirken« wahrgenommen und ›mit dem Herzen gut gesehen‹ werden kann:

> »Liebe ist ein welthaftes Wirken. Wer in ihr steht, in ihr schaut, dem lösen sich Menschen aus ihrer Verflochtenheit ins Betriebe; Gute und Böse, Kluge und Törichte, Schöne und Häßliche, einer um den andern wird ihm wirklich und zum Du, das ist, losgemacht, herausgetreten, einzig und gegenüber wesend; Ausschließlichkeit ersteht wunderbar Mal um Mal – und so kann er wirken, kann helfen, heilen, erziehen, erheben, erlösen« (Buber 1983, 15).

Für Schubbe – ein Gegenwartsphilosoph – ist eine solche Wahrnehmungsweise, d.h. hier mit dem Herzen gut sehen, eine intuitive Leibeserfahrung, wenn wir uns auf das Zwischen besinnen. So schreibt dieser Autor, wenn er über das Zwischen in Anlehnung an Schopenhauer philosophiert:

> »Diesem Denken (dem intuitiven im Vergleich zum abstrakt-reflexiven – CM) geht es nicht um ein Begreifen, das versucht, die Welt als Objekt in den beherrschenden Griff zu bekommen – diese Form des Denkens würde ge-

rade die Möglichkeit einer Begegnung zerstören –, vielmehr versucht dieses Verstehen die Welt in ihrem Sein zu lassen, sie wird zwar auch be-griffen, aber eben auch oder vor allem ent-lassen« (Ders. 2010, 154).

Mit anderen Worten: Wenn wir unsere Kategorien und Projektionen über das Gegenüber erkennen und diese loslassen, sind wir – phänomenologisch gedacht – auf dem Weg zum Du, das sich erst – dialogisch gedacht – im Zwischen mit dem Ich zeigt. Intuition ist diesbezüglich eine zentrale Methode der Phänomenologie und füllt hier den Bindestrich von dialog-phänomenologisch.

Phänomenologisch ist die hiesige Perspektive zudem, weil das Zwischen von meinem faktischen Ich wahrgenommen und von mir als Autorin dargelegt wird. Ich komme nicht umhin, meine Erkenntnisse in ein kategoriales Ich-Es zu setzen, damit Sie mich verstehen. Dennoch wirken mein Bewusstsein, meine Sprache, mein Denken, meine leiblichen Erfahrungen und meine soziale Umwelt auf die Darlegung des Zwischen. Mit anderen Worten: Die hier gefundenen Wahrheiten spiegeln mein Zur-Welt-sein wider. Dieses mein Zur-Welt-sein begrenzt die jeweiligen Wahrheiten, die nicht absolut falsch sein können, weil es laut Phänomenologie keine absolute Wahrheit gibt. Objektiv ist mein Erschließen des Zwischen deswegen, weil mein Dasein Wahrheit in der Welt ist (vgl. Husserl nach Vetter 2004, 605 f.), was die Existenz von Fehlern und Illusionen nicht ausschließt, denn auch diese gibt es objektiv. Phänomenologisch denken heißt in dieser Form der Wahrheitssuche ein »Durchbrechen(s) der eigenen Verschlossenheit mit dem Ziel der Öffnung zum Anderen« (ebd. 606), laut Patočka mit dem Ziel »sich in der Wahrheit erschaffen (…) *zu werden, was ich bin*« (kursiv i. O. nach Vetter ebd.).

An diesem Punkt überlappen sich dann Phänomenologie und Dialogik konzeptionell. Beide Perspektiven betrachten das Ich in seiner Verbundenheit. Die Unterscheidung liegt im Ich-Es als phänomenologisches Verhältnis zum Gegenüber und im Ich-Du als Loslassen der Bilder über das Gegenüber ohne Auflösung beider Seiten. Mit Bubers Worten:

> »Stellen wir uns nun zwei Bildmenschen vor, die beieinander sitzen und miteinander reden – nennen wir sie Peter und Paul – und zählen wir die Figurationen nach, die dabei im Spiel sind. Das sind erst mal der Peter, wie er dem Paul erscheinen will, und der Paul, wie er dem Peter erscheinen will; sodann der Peter, wie er dem Paul wirklich erscheint, Pauls Bild von Peter also, das gemeiniglich keineswegs mit dem von Peter gewünschten übereinstimmen wird, und vice versa; dazu noch Peter, wie er sich selbst und Paul, wie er sich selbst erscheint; zu guter Letzt der leibliche Peter und der leibliche Paul. Zwei lebende Wesen und sechs gespenstische Scheingestalten, die sich in das Gespräch der beiden mannigfaltig mischen! Wo bliebe da noch Raum für die Echtheit des Zwischenmenschlichen!« (Buber 2008, 94f.).

Letzteres wird laut Schubbe über die Intuition hin zum Dialog frei. Für Buber gehören dazu ein angewidert sein vom Spuk des Scheins und ein Wille, als die Person bestätigt zu werden, die wir sind. Erst dann, so behauptet er, rufen sich die »Abgründe des Personseins einander« an.

Abschließend ist festzuhalten, dass Dialogik phänomenologische Elemente innehält, aber keine Weiterentwicklung der Phänomenologie, sondern konzeptionell gesehen eine eigene Denkrichtung ist. Aus diesem Grund ist die sich hier enthüllende Perspektive nicht nur eine phänomenologische, sondern eine dialog-phänomenologische: Ohne echte Dialoge hätte ich das Zwischen nie entdecken, ohne leibhaftige Bewusstseinsprozesse nicht wahrnehmen und reflektieren können. Dialogisches Denken integriert darüberhinaus das cartesianisch-kantische Paradigma, d. h. das Muster des trennenden Denkens von Geist und Materie bzw. von Ich und Welt einerseits; andererseits beinhaltet es ein Menschenbild, das Menschen als sich aufeinander zu bewegende Mitmenschen betrachtet und deren grundsätzliche Verbundenheit mit den Dingen anerkennt. Erst diese Bewegung als Begegnung macht echte Veränderungen möglich. Statische Verbundenheit hingegen vereitelt die Kraft unserer Mitmenschlichkeit, was im nächsten Kapitel deutlich wird.

4. DAS ZWISCHEN BEI MARTIN BUBER

Martin Bubers Texte zum Zwischen zu ordnen und darzulegen konfrontiert uns mit seiner von ihm selbst genannten Atypologie:

> »Soweit meine Selbsterkenntnis reicht, möchte ich mich einen atypischen Menschen nennen« (Buber 1962d, 1111).

Begreift er seine »Mitteilungen« in erster Linie als »philosophische«, also »logisierend«, ist ihm aufgrund und mit seiner tiefen Glaubenserfahrung bewusst, dass er über die Ration hinaus weniger ein System als einen »überlogischen Denkzusammenhang« entwickelt, der nicht frei von Widersprüchen ist. Letztere, so teilt er mit, sind Teil jeder echten Lebenserfahrung, zu der auch sein wirklicher Glaube gehört, das jedoch auch sein selbstständiges Denken gefördert hat. Infolgedessen spaltet Buber eben nicht in philosophische Wahrheit hier und lebenspraktische Wahrheiten dort, sondern er ist überall Gottes andächtig, auch beim Philosophieren. Darum nennt er ebenso Gott in seinen Schriften. Dazu erklärt er:

> »... aber ich habe ja keine Lehre vom Urgrund zu bieten, ich habe nur für jene Begegnung zu zeugen, in der alle Begegnungen mit anderen gründen, und begegnen kannst du dem Absoluten nicht« (ebd. 1113).

Doch wie versteht nun der gläubige Philosoph das Zwischen? Was will er uns zeigen, wenn er sagt, dass er kein philosophisches

System hat, sondern mit uns ins Gespräch kommen möchte? Buber sieht sich veranlasst – er selbst spricht vom Diktat –, auf eine »vernachlässigte, verdunkelte Urwirklichkeit« hinzuweisen. Diese Wirklichkeit ist das »menschliche Doppelverhältnis zum Sein« (ebd.). Damit sind die schon genannten Modi des Ich-Du und Ich-Es gemeint. Was jedoch beim geistigen Durchdringen dieses Dialogischen Prinzips oft übersehen wird – und Buber bemängelt dies schon in seiner philosophischen Rechenschaft ungefähr fünf Jahre vor seinem Tod 1965 –, ist die »elementare *Voraussetzung* aller menschlichen Beziehungen«: die Urdistanz (ebd. 1114 – kursiv i. O.). Mit diesem Begriff soll eine Haltung, die oft mit einer reflexiven Haltung verwechselt wird, beschrieben werden, die wir alle kennen, wenn uns unsere Umwelt entfernt bzw. »abgerückt« ist, wenn wir sie gewissermaßen als nicht mehr zu uns gehörig wahrnehmen. Eine solche Wahrnehmungsweise bezeichnet Buber als Urdistanz. Wichtig ist dabei, sie nicht als »reflexive ›Position eines Zuschauers‹ zu verstehen« (ebd. 1115), sondern als Element menschlichen Seins. D. h. allein durch unser Mensch-Sein leben wir im Ich-Es-Modus und machen uns die Umwelt zum Objekt. Erst mit und aufgrund der Urdistanzierung können wir einen Dialog mit unserer Umwelt führen und somit der Urwirklichkeit begegnen (vgl. Muth & Nauerth 2008). Diese Urwirklichkeit ist dann das Zwischen, die »... nicht mehr in der Sphäre der Subjektivität, sondern in der zwischen den Wesen gegründet ist« (Buber 1963a, 30). Sie deckt sich auf, wenn Ich und Du, wir uns wechselseitig vergegenwärtigen und aufrichtig begegnen. Damit meint Buber ein aktuelles Geschehen, in dem einzigartige Ichs sich einmalig »realisieren« und die »orientierende« Haltung, z. B. Bilder über das Gegenüber, loslassen (ebd.). Diesbezüglich ist der Orientierungsakt die Urdistanzierung oder das Ich-Es, wenn das Ich das Du zu einem Objekt seiner eigenen Kategorisierungen macht. Ich-Du wiederum ist ein sich nur in der Gegenwart realisierender Akt. Während sich beide Seiten auf einander zu bewegen, tritt das Zwischen als Urgrund in den Hintergrund und die Urwirklichkeit zeigt sich für den Menschen im Vordergrund:

»Ich werde am Du; Ich werdend spreche ich Du. Alles wirkliche Leben ist Begegnung« (Buber 1995, 12).

Das Zwischen ist somit Bedingung für die Realisierung meines Mit-Seins. Die dualistische Unterscheidung zwischen Realisieren und Orientieren taucht in Bubers Werk zum ersten Mal 1913 in seiner Schrift »Daniel. Gespräche von der Verwirklichung«, d. h. vor »Ich und Du« von 1923 auf. In diesem Jahrzehnt zwischen 1913 und 1923 scheint eine einschneidende Veränderung auf Bubers eigenem Realisierungsweg bezüglich der konzeptionellen Entwicklung oder besser gedanklichen Erfassung des Zwischen passiert zu sein. 1919 liegt die erste Überarbeitung einer Niederschrift von »Ich und Du« aus Jahre 1916 vor. Bis zur Endfassung liest Buber nur noch chassidische (jüdisch-mystische) Texte (vgl. Muth 2007) und Descartes »Discours de la méthode«. Dieser Philosoph und Mathematiker spricht ebenfalls von einem Dualismus und entwickelt seine Zweisubstanzenlehre. Demnach gibt es einerseits das Bewusstsein, das zweifelt und andererseits Materie und deren Ordnung. Laut Descartes (verstorben 1650) ist die einzige Sicherheit im Leben das zweifelnde Ich und nicht die Materie (vgl. Walach 163 ff.). Die von Descartes genannte Sicherheit im Zweifel ähnelt den Gedanken Bubers von der Sicherheit in der »heiligen Unsicherheit« (Buber 1962e, 43) und seinen Ausführungen zum Realisieren als Verwirklichen und Orientieren als Einstellen, nur dass bei Buber das Bewusstsein, der Geist keine Subjektivität hat, sondern ein diskontinuierlicher Prozess zwischen Ich und Du ist. Dieses Zwischen ist ein Ereignis, das mir und Dir

Richtungen in unseren jeweiligen Leben aufdeckt und uns realisieren lässt:

> »Ja, dies heißt verwirklichen: das Erlebnis auf nichts anderes beziehen als auf es selber. Und hier ist der Ort, wo sich die Kraft des Menschengeistes erweckt und sammelt und schöpferisch wirkt. Denn wo die Orientierung waltet, ist jene kluge Ökonomie daheim, deren Klugheit zum Himmel stinkt, weil sie nur spart und nicht erneuert« (ebd. 25).

Eine echte Erneuerung ergibt sich – so lässt Buber Daniel zu uns sprechen – aus der Verbundenheit im Zwischen:

> »So ist alles Wirklichkeit erfüllte Verbundenheit; nichts Einzelnes ist in sich wirklich, alles Einzelne ist nur Voraussetzung« (ebd. 28).

Damit ist das Zwischen als (Ur-) Wirklichkeit nicht »einfach die Gesamtheit des Wahrgenommenen und Wahrnehmungsmöglichen« (ebd. 24). Letzteres wäre das Ergebnis einer phänomenologischen Einstellung. Vielmehr ist das Zwischen, dialogisch gesprochen, ein unfassbarer Verwirklichungsraum, der unmittelbar verbundenes Sein ist. Orientierend könnte das Zwischen in der zerlegenden bzw. wahrnehmenden, d. h. phänomenologischen Einstellung sein. Beide Sichtweisen zusammen ergeben dann das Doppelverhältnis des Menschen zum Sein; beide Seiten braucht der Mensch zum Leben; beide sind lebensnotwendig. Ich-Du und Ich-Es gehören zusammen wie Leben und Tod. Auch wenn Buber dem Dialogischen mehr Aufmerksamkeit gibt, wertet er das Ich-Es nicht ab. Er weist allerdings darauf hin, dass echte Erneuerung für Mensch und Gemeinschaft nur aus dem Zwischen gedeiht:

»Wer in wahrhaftigem, realisierenden Erkennen sein Leben lebt, muß ewig von neuem beginnen, ewig von neuem alles wagen; und so ist seine Wahrheit nicht ein haben, sondern ein Werden« (ebd. 39).

Werden ist Entwicklung ohne Konzept und doch nicht richtungslos, da es mit unmittelbarem Kontakt und ausschließlichen Ereignissen verbunden ist. Hingegen sind Orientierung an einer »soliden Generalwahrheit« und Sicherheit für ein und allemal Elemente einer Aufbewahrungseinstellung, die in ihrer Ausschließlichkeit Starrheit und autoritäre Unterwerfungen bedingen. Doch welche richtungsgebende Ereignisse meint Buber, wenn er vom Zwischen als Entwicklung und Werden spricht?

Buber zeigt mit Daniel drei Wege auf: Für Daniel gibt es den Weg der Austragung, der Umfassung und der Verwandlung. Austragung bedeutet hier faires Kämpfen in Hinblick auf eine ehrliche Einigung. Umfassung ist die aufrichtige Liebe zu meinen Mitmenschen. Verwandlung ist wahre Erkenntnis. In allen Varianten verläuft der Weg über die bewusste Zweiheit: Die distanzierende Einstellung verwirklicht sich in Hingabe an Sache und Mensch. Ohne Stress, Orientierungsverlust und Angst geht es dabei nicht. Nur wer die Zweiheit wagt, zwischen »Freiheit und Gebundenheit« und »Beständigkeit und Verwandlung« wählt, öffnet die Tür zum Zwischen. Hindurchgehen die, so Daniel, deren Ich sich trotz ihrer Bedingtheit unbedingt entschieden haben. Das, was wir dabei verwirklichen »steht unauslöschbar im Herzen der Welt geschrieben« (ebd. 76). Dabei kommt es für Buber in Anlehnung an den Chassidismus – einer jüdischen Glaubensbewegung des 18. Jahrhundert, die die Ganzheit des Menschen in der Gegenwart verwirklichen will – vor allem auf die Hingabe an das Unbekannte an (vgl. Muth 2011, 74).

Wie kommt Buber nun zu dieser Annahme? Was macht ihn so sicher, dass dies der Weg ist? Bubers tiefe Glaubenserfahrung spielt, wie schon gesagt, diesbezüglich eine entscheidende Rolle. Seine autobiographische »Antwort« hilft uns, ihn zu verstehen:

> »Mit mir stand es so, daß all die in den Jahren 1912 bis 1919 von mir gemachten Seinserfahrungen mir in wachsendem Maße als *eine* (kursiv i. O.) große Glaubenserfahrung gegenwärtig wurde. Damit ist eine Erfahrung gemeint, die den Menschen in all seinem Bestande, sein Denkvermögen durchaus eingeschlossen, hinnimmt, so daß durch alle Gemächer, alle Türen aufsprengend, der Sturm weht« (Buber 1963b, 589f.).

Was war in Bubers Leben passiert? Mendes-Flohr (1979) beschreibt die sieben Jahre als einen Veränderungsprozess, in dem Buber sich vom mystischen Erleben ab- und dem dialogischen Leben zuwendet. Er erkennt seine eingebildete Religiosität, die ihn vom menschlichen Gegenüber ablenkt, denn als Ekstase erlebt ist sie eher eine Ausnahme und wertet den Alltag ab. Er nennt die Veränderung von 1914 in seinen biographischen Fragmenten eine »Bekehrung« (Buber 1963a, 21f.). So kann er es im Nachhinein kaum ertragen, dass er in seiner »religiösen Begeisterung« (ebd.) die existentielle Verzweiflung eines jungen Besuchers übersieht und diesen bei seiner Sinnsuche unbestätigt lässt (vgl. Friedman 1988, 187ff.). Diese Fehlhandlung, seine Teilnahme an vergeblichen internationalen Verhandlungen gegen den Ausbruch des 1. Weltkrieges und seine anfängliche Unterstützung – später bedauerte – desselbigen führen bei Buber zu einem neuen Denken, hin zum Dialogischen. Gustav Landauer (ermordet 1919), dem Anarchisten und besten Freund Bubers danken wir, dass es den »Kriegsbuber« nur vorübergehend gab (vgl. Friedman 1988, 200).

1919 überarbeitet Buber seine erste Niederschrift von Ich und Du. Sie dienen als Grundlagen für seine Vorlesungen über »Religion als Gegenwart« am Freien Jüdischen Lehrhaus in Frankfurt am Main von Januar bis Februar 1922 (vgl. Muth 2004). Unterstützend für ihn war dabei seine Auseinandersetzung mit dem Chassidismus seit 1916. Aus den chassidischen Quellen gewinnt er eine tiefe Einsicht, zwischen Lehre und Weg zu unterscheiden. Entscheidend ist für ihn die Erkenntnis, dass »die Lehre zum Lernen und der Weg zum Gehen da ist« (Buber 1963c, 7). Bubers eigener Aussage nach hat er mit den Deutungen des Chassidismus seinen Lebenssinn gefunden (vgl. Muth 2007). Wesentlich ist für ihn dabei die Zwiesprache mit Gott, so wie sie im Avot, dem so genannten Buch der Väter, in der Mischna (Teil des Talmuds, der wiederum eine gesetzliche Ergänzung zur Thora ist) dargelegt ist (vgl. Horwitz 1978, 144 FN 13). Im Avot geht es um ethisch-moralische Prinzipien, wie der Mensch mit der Schöpfung lebt und was er an Taten vollbringt (vgl. Stemberger 2010; Ueberschaer & Krupp 2003). Insbesondere geht es in dieser Ethik um die Freiheit der eigenen Entscheidung und die Übernahme der eigenen Verantwortung, die nicht an Gott abgegeben werden kann. Denn er oder sie ist laut des Chassidismus wie der Mensch auch nur ein Gast auf Erden. Doch kann der Mensch mit und zu Gott sein ewiges Du ansprechen; dieses Du ist immer für den Menschen präsent. So steht im Avot, dass die »Schechina«, die Herrlichkeit Gottes »zwischen den Wesen ist« (Buber in Horwitz ebd. 144). Schechina zeigt sich in der Lebendigkeit unseres Handelns, das sich z. B. in der »Heiligung des Alltags« ausdrückt. Demnach geht es um Achtsamkeit und Gewahrsein für das »Zugewiesene, Gewohnte und Selbstverständliche« (vgl. Muth 2011; 2007).

In den Vorlesungen von 1922 taucht der Begriff des Zwischen selten auf; einmal an der soeben genannten Stelle, wenn es um die Schechina zwischen den Wesen geht, oder wenn Buber deutlich machen will, dass er unter Beziehung »... nicht als etwas, was *im* (kursiv i. O.) Menschen vorgeht, sondern zwischen den Menschen und einem seienden Du geschieht« (ebd. 112). Dieses »seiende Du« verwirklicht sich selbst nur in der unmittelbaren Begegnung und kann als Es, als Phänomen oder Ding nicht erkannt werden. Das Tun dieser Begegnung vergleicht er mit Nichttun,

> »... wo nichts Einzelnes mehr, nichts Teilhaftes mehr am Menschen rührt, also auch nichts vom Menschen in die Welt eingreift, sondern der ganze, in sich geschlossene ruhende Mensch wirkt, ausgeht, wo der Mensch eine wirkende, eine ausgehende Ganzheit geworden ist« (ebd. 113).

Wie selten wir in diesem Sinne »ganz« sind, erklärt für mich schon die Seltenheit des Dialogs. Denn wann ist diese Bedingung allein zwischen zwei Menschen erfüllt und erst recht unter mehreren Menschen?

Ähnliches fragt auch Theunissen – Sozialphilosoph – 1977 in seiner Vorrede zur 2. Auflage seiner Habilitationsschrift über den Anderen: Es

> »... wäre deshalb zu prüfen, inwieweit wir überhaupt noch das Ich eines Du zu sein vermögen und in welchem Maße gegenwärtig die objektiven Bedingungen des Subjektseins gegeben sind« (ebd. X).

Mittlerweile sieht der gleiche Autor nur noch das Verweilen in der Gegenwart als einzige Erholungschance gegenüber dem weltlichen Druck, Raum und Zeit effizient zu gestalten (vgl.

Theunissen in Modehn 2013). Deswegen könnte das Public Viewing während der Fußballweltmeisterschaft als erholsames Zwischen gedeutet werden, da es um ein gemeinsames Verweilen beim von Moment zu Moment verlaufenden Schauen eines Fußballspieles geht: Je packender das Spiel, umso präsenter sind wir im Einlassen auf ein Miteinander. Darauf weist sogar Buber schon vor 100 Jahren im Daniel hin:

> »Wo aber der Fuß der Realisierung steht, da wird die Kraft aus den Tiefen gezogen und zusammengebracht und zum Wirken bewegt und am Werk erneuert. Wie den Ballspieler ... die Aufgabe beruft, aus seinem Leibe alle Gewalt zu holen und sie in die Tat zu gießen, so tut das Erlebnis an dem Menschen, der es zu verwirklichen bereit ist« (1962e, 26).

An dieser Stelle erscheint es hilfreich, genauer aufzuzeigen, wo für Buber das Ich-Du sich im Zwischen enthüllt. Das Zwischen ist für ihn zwischen Ich und Du, zwischen Gott und den Menschen, aber auch zwischen Mensch und Natur und zwischen Mensch und geistigen Phänomenen wie Kunst, Bildung und Kontemplation. Kritische Anmerkungen dazu macht Bubers Freund Rosenzweig noch vor der Veröffentlichung von »Ich und Du«. Rosenzweig schlägt die Differenzierung der Grundworte in »ER-Es, Ich-Du ICH-Du Ich-DU, Wir-ES« (Rosenzweig 1973, 127) und die Aufwertung des Ich-Es vor (vgl. Muth 1998/2011). Insbesondere das Ich-Du sieht Rosenzweig überfrachtet, wenn er Buber fragt: »Was soll denn aus Ich und Du werden, wenn sie die ganze Welt und den Schöpfer dazu verschlingen müssen?« Diesbezüglich merkt Horwitz an, dass die Relationen zwischen Gott und den Dingen als Es und zwischen Gott und Natur in Bubers Konzept fehlen (vgl. Horwitz 1978, 37f.).

Zudem zeigt Horwitz in ihrer historischen Studie die Entwicklung des Manuskriptes von »Ich und Du« auf. Sie findet Anfang der 1970er Jahre im Martin-Buber-Archiv in Jerusalem Bubers persönliche Aufzeichnungen, die belegen, dass Buber schon 1918 Überschriften mit dem Begriff des Dazwischen entworfen hatte. Doch hier hat das Dazwischen eine ganz andere konzeptionelle Bedeutung, und zwar das einer bösen Macht, die Begegnungen verhindert (vgl. ebd. 160). Doch nicht nur diese Veränderung entdeckt Horwitz. Verliert der Begriff des Dazwischen diese Bedeutung bis hin zur Veröffentlichung von »Ich und Du«, so entdeckt die Forscherin schließlich einen noch tiefgreifenderen Wandel im Vergleich zur Fassung von 1918: Erst nach den Vorlesungen im Lehrhaus, d.h. im Frühjahr 1922 vor der Veröffentlichung im Januar 1923 tauchen die Grundworte Ich-Du und Ich-Es in der Buberschen Dialogik auf. Jetzt beschreibt Buber in »Ich und Du« das Zwischen mit den neuen Begriffspaaren:

> »Geist in seiner menschlichen Kundgebung ist Antwort des Menschen an sein Du. ... Geist ist Wort ... Geist ist nicht im Ich, sondern zwischen Ich und Du« (Buber 1992, 41).

In dieser Sphäre zeigt sich für Buber Gott, wenn er im letzten Absatz von »Ich und Du« schreibt:

> »Und die Theophanie (= Gotteserscheinung – CM) wird immer *näher*, sie nähert sich immer mehr der Sphäre *zwischen den Wesen:* nähert sich dem Reich, das in unsrer Mitte, im Dazwischen sich birgt« (Buber 1995, 115 – kursiv i. O.).

Mit anderen Worten: Die Sphäre des Zwischen ist eine religiöse oder neudeutsch eine spirituelle. Gebser – Bewusstseinsphilosoph – würde sie wahrscheinlich eine integrale nennen, weil das Wesentliche die Dinge durchscheint bzw. deren existentielle Transparenz in den Vordergrund kommt. Für Gebser ist eine integrale Sphäre, in der vier anderen Seins-Sphären in einer fünften, der integralen, sich gegenseitig beeinflussen und realisieren (vgl. Matt-Windel 2014, 112f.; Walach 2013, 252). Die vier anderen nennt Gebser archaisch, magisch, mythisch und mentale Phasen. Fuhr hat mit Wilbers spirituellen Vier-Perspektiven-Modell dieses Konzept für den Gestalt-Ansatz fruchtbar gemacht (vgl. Kapitel 6 in diesem Band).

Hier ist festzuhalten, dass das Zwischen mehr ist als wir mental bestimmen können. Mit Buber können wir nun auch sagen, dass es kein mystisches Phänomen ist. Denn es geht nicht darum, dass das Ich und das Du sich in einer Einheit auflösen, sondern dass Ich und Du sich wechselseitig transzendieren. Wir »übersteigen« unsere Kategorien und Projektionen, in dem wir diese loslassen und gleichzeitig anerkennen, dass selbst unsere sinnlichen Erfahrungen nur begrenzte Erkenntnisse über das jeweilige Gegenüber geben. Entscheidend ist dabei die Wechselseitigkeit bei Buber, die Levinas im Vergleich zu Buber als künstliche Gegenseitigkeit betrachtet. Für Levinas gibt es diesbezüglich nur eine radikale Asymmetrie zwischen Ich und Du, wobei seines Erachtens schon diese Bezeichnung von Ich und Du formale Gleichheit einschließt.

Doch ist gerade die Wechselseitigkeit entscheidend. Erst die gegenseitige Zuwendung erwirkt, dass das Zwischen als »ewiges Du« zum Vorschein kommt. Gott ist ein weiterer Begriff für das ewige Du, das lebenspraktisch nie ein Ich-Es wird, auch wenn Menschen Gott zu einem Götzen machen. Dann halten Menschen an einem Gottesbild fest, lassen dieses Konzept nicht los und geben sich nicht dem Unbekannten hin. Sie beobachten und gebrauchen ein Bild in ihrem jeweiligen Sinn. Doch ein Zwischen in Gott zu leben ist ein Empfangen und Berührt-werden ohne eigenes Zu-tun (vgl. Buber 1995, 17). Zu ähnlichen Erkenntnissen kommt auch Portele. Er deutet den Ich-Du-Modus als das »Tun des Nichttun« und setzt ihn mit dem »wu-wei« des Taoismus und mit dem »mittleren Modus« der Gestalttherapie gleich (Portele 2003, 16). Dabei bezieht er sich auch auf Aussagen von Laura Perls über die so genannte »heilige Unsicherheit«. Es bleibt offen, ob sie diesbezüglich auch von Buber inspiriert war; doch dazu kommt mehr im 6. Kapitel.

Im Berühren-Lassen und Berühren liegt auch für Thich Nhat Hanh (1979, 129) die buddhistische Wahrheit des Zwischen-Seins; dort liegt für ihn die »verité de l'inter-être«, die aus dem Zwischen in uns eindringt. Die von Buber genannte Gegenseitigkeit ist für Thich Nhat Hanh eine dialektische. Er beschreibt das Zwischen-Sein folgendermaßen: Du bist nicht Ich. Mein Du ist nicht Du, und doch, um Dein wahres Du zu sehen, brauche ich auch mein Ich und umgekehrt. Dialektisch heißt in diesem Fall Ich zu sein und Nicht-Ich zu sein. Das Nicht-Ich gibt es und damit die Unsicherheit, die für Thich Nhat Hanh das »inter-être« ist. Dennoch, so sagt er, »vous ne pouvez pas le saisir«. Wenn wir versuchen, es zu begreifen, so führt er fort, ist dieses Handeln wie der Versuch, Raum in einem Netz zu fangen, »attraper l'espace dans un filet« (ebd. 63). Denn, so begründet er, das Zwischen ist ein unendlicher ewiger Raum. Es ist – ohne Konzept.

Trotzdem möchte ich mit dem hier abgebildeten Kunstwerk von Meret Oppenheim aus dem Jahre 1973 den bisherigen Beschreibungen ein Abbild geben. Die Künstlerin nennt es »La condition humaine«.

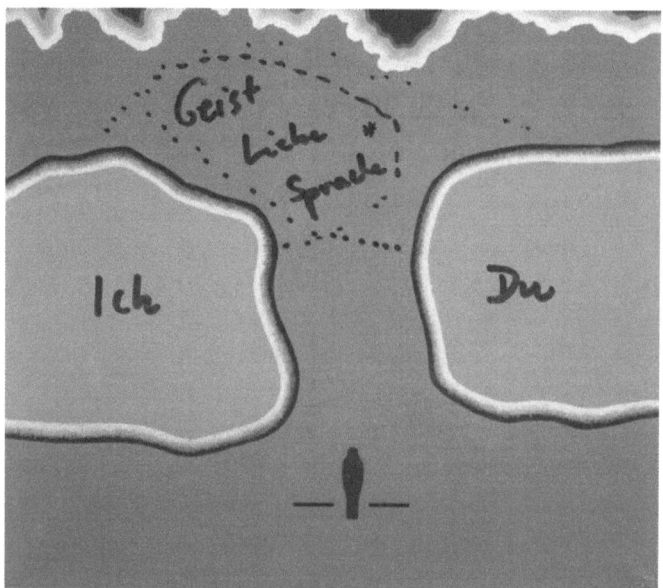

Meret Oppenheim, *La condition humaine*. © VG Bild-Kunst, Bonn 2014. Die handschriftlichen Worte fügte Cornelia Muth hinzu.

Aus der Perspektive unserer menschlichen Ur-Distanz, ich meine hier die kleine Figur unten in der Mitte des Bildes, kann ich den Raum zwischen zwei Feldern, die ich hier mit Ich und Du gleichsetze, im Ich-Es-Modus wahrnehmen. Im Original sind die Ränder um Ich und Du in drei Schattierungen Weiß, Hellblau und Dunkelblau gehalten. Diese drei Linien setze ich mit Bubers »ontologischen Urphänomenen Geist, Liebe und Sprache« (vgl. Theunissen 1977, 265) gleich. Sie sind Elemente des Zwischen, umfassen jedoch jedes einzelne Ich bzw. Du. Geist, Liebe und Sprache zeigen sich in dem Moment, in dem sich Ich und Du zueinander wenden und sich wirklich meinen.

Zur dialogischen *Condition humaine* gehört außerdem, dass so, wie dieses Kunstwerk einzigartig ist, auch jedes Zwischen einmalig ist und damit weder inhaltlich verallgemeinert noch objekthaft systematisiert werden kann. Das, was zwischen Ich und Du sich ausdrückt ist Gegenseitigkeit und Unmittelbarkeit. Als Geschehen ist das Zwischen unsichtbar, so wie der Fuchs zum Prinzen sagt oder wie Buber in »Ich und Du« schreibt:

> »... die Liebe haftet dem Ich nicht an, so daß sie das Du nur zum ›Inhalt‹, zum Gegenstand hätte, sie ist *zwischen* (kursiv i. O.) Ich und Du« (Buber 1995, 18f.).

Hier im Bild ist das Zwischen gegenständlich. In Wirklichkeit ›entbrennt das Zwischen zu Gegenwart‹, was möglicherweise der Hintergrund zu diesem Kunstwerk war: Etwas von Meret Oppenheim unsichtbar Erlebtem könnte ein Feuer gewesen sein, mit dem Buber das Zwischen in einer seiner späteren Definitionen, viele Jahrzehnte nach »Ich und Du«, 1960 vergleicht:

> Das »Zwischen oder das Zwischensein« ist für ihn »jene Art des Seins« ... »die zwischen den miteinander kommunizierenden Personen stehende Seinsart, die wir weder der Psyche noch der Physis zuzuordnen vermögen. ... Springendes Feuer ist ja das rechte Bild für die Dynamik zwischen den Personen im Wir« (Buber 1962a, 69).

Dieses springende Feuer ist Abbild einer Wirklichkeit, deren »potentielle Gegenwärtigkeit« zwischen den Menschen weilt (vgl. Buber 1962g, 803). Für Buber ist das Zwischen deswegen eine »Urkategorie der menschlichen Wirklichkeit«, die mit psychologischen Begriffen nicht erkannt wird (vgl. Buber 1962h, 405f.)

20 Jahre nach »Ich und Du« definiert Buber seinen Begriff folgendermaßen:

»Die den Begriff des Zwischen begründende Anschauung ist zu gewinnen, indem man eine Beziehung zwischen menschlichen Personen nicht mehr, wie man gewohnt ist, entweder in den Innerlichkeiten der Einzelnen oder in einer sie umfassenden und bestimmenden Allgemeinwelt lokalisiert, sondern faktisch zwischen ihnen. Das Zwischen ist nicht eine Hilfskonstruktion, sondern wirklicher Ort und Träger zwischenmenschlichen Geschehens; es hat die spezifische Beachtung nicht gefunden, weil es zum Unterschied von Individualseele und Umwelt keine schlichte Kontinuität aufweist, sondern sich nach Maßgabe der menschlichen Begegnungen jeweils neu konstituiert; man hat daher naturgemäß, was ihm zukommt, an die kontinuierlichen Elemente, Seele und Welt, angeschlossen« (ebd. 405).

Hier, im »Problem des Menschen« von 1943, macht Buber deutlich, was seine »Dialogik« von anderen philosophischen Denkbewegungen unterscheidet. Von Aristoteles bis Kant über Nietzsche, Heidegger u. a. bis Marx und Husserl zeigt er die Krise des modernen Menschen auf. Schließlich kritisiert er, dass keiner der Denker die »fundamentale Tatsache der menschlichen Existenz«, die des Menschen mit dem Menschen erfasst,

»... daß ein Wesen ein anderes als anderes, als dieses bestimmte andere Wesen meint, um mit ihm in einer beiden gemeinsamen, aber über die Eigenbereiche beider hinausgreifenden Sphäre zu kommunizieren« (ebd. 404f., 146).

Diese Sphäre liegt für Buber

»Jenseits des Subjektiven, diesseits des Objektiven, auf

dem schmalen Grat, darauf Ich und Du sich begegnen, ...« (ebd. 406).

Für ihn »west« das Zwischen zwischen den Menschen (ebd.), transzendiert das Ich und das Du und geschieht diskontinuierlich, so dass logische Konzepte über Welt oder Seele diese übersehen. Überzeugend ist deswegen Bubers Bezeichnung seiner Dialogik als »unterirdische« (vgl. 1962g, 803). Noch interessanter finde ich eine seiner vor seinem Tod 1965 letzten Aussagen über das Zwischen. Maurice Friedman protokolliert diese 1957 während dreier Seminargespräche an der School of Psychiatry in Washington (Buber 2008a, 231 – Hervorh. i. O.):

> »Aber ›das Unbewußte‹ sollte, mag und wird mehr Einfluß auf das Zwischenmenschliche haben als das Bewußte. Zum Beispiel beim Hände-Schütteln, wenn der wirkliche Wunsch besteht, in Berührung zu sein, dann ist der Kontakt weder körperlich noch seelisch, sondern eine Einheit aus beidem.«

Und vorher:

> »Wenn das Unbewußte der Teil des Daseins einer Person ist, in dem die Bereiche von Leib und Seele nicht getrennt sind, dann bedeutet die Beziehung zwischen zwei Menschen die Beziehung zwischen zwei ungeteilten Existenzen. Da würde der höchste Augenblick der Beziehung das sein, was wir unbewußt nennen« (ebd.).

Mit anderen Worten: Das Unbewusste ist genauso verborgen wie das Zwischen. Erst im Loslassen meines und Deines Bewusstseins über Leib und Seele kann ich mich und kannst Du dich dem Zwischen hingeben. Hier zeigt sich die schon beschriebene Heilige Unsicherheit, die durch Hingabe an das Unbekannte möglich wird. Will ich mein Gegenüber wirklich bestätigen und es mich, kann sich das Zwischen zeigen,

> »... denn im Gegenwärtigen liegt das, was werden kann, verborgen. Was in ihm angelegt ist, macht sich mir als das fühlbar, was ich am meisten bestätigen möchte« (ebd. 233).

Hierin zeigt sich für Buber dann der unmittelbare Lebenssinn. Was wir für diesen hingebungsvollen Schritt brauchen, ist dem modernen Menschen jedoch laut Buber verloren gegangen. Dieser steckt in seiner Einsamkeit fest und vertraut dem Dasein überhaupt nicht mehr. Die Not liegt demnach

> »... nicht zwischen Mensch und Mensch allein, sondern zwischen dem Wesen und dem Urgrunde des Seins ist die Unmittelbarkeit verletzt worden« (Buber 1953, 325).

Wie wir diese Unmittelbarkeit wiedergewinnen können, versucht Buber immer wieder in den letzten 11 Jahren seines Lebens zu verdeutlichen. Als 75jähriger, 1954, schreibt er endlich einen Artikel über das Zwischenmenschliche und dessen Elemente, als da sind: das echte Gespräch, Realphantasie, die Unterscheidung zwischen Sein und Schein und echte Partner*innenschaft (vgl. Buber 1962i).

Das echte Gespräch ist für Buber ein »leibhaftiges Zusammenspiel« des »Einander-gegenüber« (ebd. 272):

> »Die Sphäre des Zwischenmenschlichen ist die Ein-an-der-gegenüber; ihre Entfaltung nennen wir das Dialogische.«

Die jeweils sprechenden Personen wenden sich wahrhaftig aufeinander hin und bestätigen sich in ihrer »personenhaften Existenz«, was nicht heißt, dass sie gegenseitig mit allen Inhalten übereinstimmen. Wesentlich ist, dass jedeR sich unmittelbar einbringt und so wenig tut, als ob er oder sie zuhört. Doch selbst das kann, wenn es authentisch geschieht, mir helfen, mein Gegenüber zu erschließen. Indem ich mich angesichts seiner Scheinhaftigkeit wirklich in den oder in die AndereN »einschwinge«, kann ich die »besondere reale Person« »realphantasieren« (vgl. ebd. 280). Entscheidend ist, dass die am Gespräch beteiligten Personen sich als echte Partner*innen eines gemeinsamen aktuellen Ereignisses wahrnehmen und von Macht und Herrschaftsansprüchen ablassen. Mutig findet Buber die Menschen, denen es nicht um Eindruck machen geht. Letzteres ist für ihn Ziel der eigentlichen Feiglinge. Doch zeigen diese die »Rückseite des Zwischenmenschlichen«, die in der »Abhängigkeit der Menschen voneinander« liegt. Der Preis für die Scheinhaftigkeit, so Buber, bezahlt der Mensch mit einer »immer zäher werdenden Schicht, die sich auf das Wesen abgewälzt hat« (ebd. 276). »Unerschlossen« bleibt es, wenn der Mensch sich nicht vom »Scheinen wollen« befreit und sich eben nicht dem Gespräch anvertraut.

Im kleinen Band »Logos« sind schließlich zwei Reden von 1956 und 1969 vereint, in denen Buber nicht müde wird darzulegen, wie wir das Zwischen als »in der je und je sich vollziehenden Vergemeinschaftung der gesprochenen Worte« (1962b, 16) wiedergewinnen können. Für ihn stellt sich die Problematik besonders im Gespräch dar. An dem macht er deutlich, dass es nicht allein auf das gesprochene Wort ankommt, sondern es

> »… begibt sich vielmehr in der schwingenden Sphäre zwischen den Personen, der Sphäre, die ich das Zwischen

nenne und die wir niemals in den beiden Teilnehmern aufgehen lassen können. ... Das Wort, das gesprochen wird, hier wird's geäußert und dort vernommen, aber sein Gesprochensein hat das Zwischen zum Ort« (ebd. 10f.).

Demnach ist Denken für Buber nie dialogisch, weil die konkrete Anderheit, die mich beim Sprechen mit mir selbst überraschen kann, fehlt. So können wir uns auf eine gemeinsame Definition einigen, doch dialogisch gesprochen, ergibt erst ein ringender Austausch um die Inhalte ein fruchtbares Zwischen. Unterwirft oder bestimmt nur eineR der Beteiligten, verraten »... die beiden ›Redegesellen‹ gemeinsam den Logos an die Logistik« (ebd. 15) und verhindern und heben damit das aktuelle Zwischen auf. Erleben können wir es nur im gemeinschaftlichen Sprechen,

> »wo einer dem andern irgend etwas in der Welt so zeigte, daß der es fortan erst wirklich wahrnahm; wo einer dem andern ein Zeichen so gab, daß der darin die bezeichnete Situation zulänglicher erkannte, als er es bisher vermocht hatte; wo einer dem andern die eigene Erfahrung so mitteilte, daß sie den Erfahrungszusammenhang des andern durchdrang und wie von innen her ergänzte, so daß er von nun an welthafter empfang als zu vor« (Buber 1962a, 66).

Möge mir dies zwischen Ihnen, werte Leser*innen und meinem Text bislang hier und da gelungen sein! Ich habe hier versucht, das Zwischen entlang der chronologischen Entdeckungsgeschichte zum Ich und Du aus Sicht von Martin Buber zu realphantasieren. Zur Veranschaulichung habe ich ausnahmsweise eine buddhistische Quelle aufgenommen. Thich Nhat Hanh bezieht sich dabei nicht auf Buber. Zudem habe ich zwei Buber-

Rezipienten aus dem Kreis von Gestalttherapeuten vorgezogen und einige Bezüge angedeutet. Deren Vertiefung finden Sie im sechsten Kapitel.

Wie Bubers Zwischen in der Philosophie aufgenommen wurde, folgt nun exemplarisch anhand ausgesuchter Autoren. Hinzu füge ich die aktuelle philosophische Diskussion ohne Buber-Bezug. Eines zeigt sich dabei: Das Zwischen ist en vogue!

5. DAS ZWISCHEN IM PHILOSOPHISCHEN DISKURS

Nicht nur Rosenzweig, Bubers Freund und Kollege, hatte Kritik an der Dialogik. In einer für die Philosophie einmaligen Publikation gab Buber in den 60er Jahren des letzten Jahrhunderts auf 29 kritische Aufsätze zu seiner Philosophie eine »Antwort« (vgl. Schilpp/Friedman 1963). Exemplarisch greife ich drei Kritikpunkte auf.

Der nordamerikanische Philosoph Philip Wheelright hinterfragt die Verortung des Zwischen (vgl. ebd. 84). Er möchte das Zwischen begrifflich und auch lebenspraktisch an das Ich des Ich-Es binden und autonom über die Teilnahme am Zwischen entscheiden, ohne als Egoist zu gelten. Nichtsdestotrotz erkennt er Bubers neue Kategorie für eine »künftige philosophische Anthropologie« an und macht dazu zwei Vorschläge. Für ihn ist das Zwischen eine »Kategorie der Zwischenheit« bzw. ein »dia-persönliches Prinzip« (ebd. 85).

Gabriel Marcel aus Frankreich hinterfragt das Zwischen in Hinblick auf Bubers Darlegung der Gegenwarts- und Beziehungsabhängigkeit. Diesbezüglich fordert er, den Begriff Beziehung mit Begegnung auszutauschen. Gleichzeitig hinterfragt er Bubers undifferenzierte Auslegung von Gegenwart. Für Marcel ist das Zwischen ein Abenteuer: »... dieses Abenteuer kann jedoch auf sehr verschiedenen Ebenen spielen ...« (ebd. 40). Entscheidend ist für ihn die Nähe zum »Herzen meiner Existenz«:

>»Das Herz, der Kern meiner Existenz ist auch die Ge-

meinschaft zwischen Dir und Mir, bei der die Zugehörigkeit umso wirklicher oder wesentlicher ist, je näher diesem Herzkern sie sich vollzieht« (ebd.).

Auch Fritz Kaufmann, in die USA emigrierter Philosoph und Übersetzer der zweiten englischen Ausgabe von »Ich und Du« (1970), bemängelt die Darlegung von Beziehungsverhältnissen im Zwischen. Für ihn bekommt der Begriff den inhaltlichen Anschein einer »Salve von Verhaltensakten« (ebd. 193). Darauf nimmt Buber in seiner »Antwort« Bezug und gibt schließlich und endlich eine letzte Bestimmung des Zwischen:

> »Als die Sphäre des Zwischenmenschlichen bezeichne ich nicht das Verhältnis der menschlichen Person zu ihrem Mitmenschen überhaupt, sondern die Aktualisierungen dieses Verhältnisses. Das Zwischenmenschliche ist etwas, was sich jeweils zwischen zwei Menschen begibt; damit es sich aber je und je begeben könne, damit echte Begegnung geschehen und immer wieder geschehen, muß dem Menschen das Du zum Mitmenschen innewohnen« (ebd. 609f.).

Damit meint Buber eben nicht jedes und irgendwelche Ereignis/se. Dies hat Kaufmann verstanden, wenn er Buber als weltweisenden Künstler sieht, der auf ontologische Bewegungen jenseits von Raum und Zeit hinweisen will. Kaufmann vergleicht Buber diesbezüglich mit Cézanne, wenn er in Anlehnung an letzteren den dialogischen Wahrnehmungsprozess als »Kommunion mit den Dingen« versteht,

> »in der wir ihre ›Herzensergießungen‹ (Cézanne) uns zu Herzen gehen lassen. Es besagt das stumme Flehn, in dem sie uns anzugehn scheinen, ihnen eine neue, höhere,

leichtere Seinsweise zu verleihn, indem wir ihre Affektion in unserm Eindruck, unsern Eindruck in den Ausdruck ihres Wesens gestalten« (ebd. 200).

Hier spiegelt Kaufmann sehr anschaulich den phänomenologischen Ich-Es-Modus wider.

Doch hätten der Zeitgeist der 1960er Jahre wie auch Adornos Kritik an Bubers angeblichem Idealismus die Ich-Du-Philosophie im deutschsprachigem Raum mehr als ins philosophische Abseits gebracht, wenn nicht Michael Theunissen 1965 seine Habilitationsschrift »Der Andere – Studien zur Sozialontologie« vorgelegt hätte. Zu dieser Zeit, so schreibt der Autor in seiner Vorrede zur zweiten Auflage von 1977,

»... mutete es rückständig an ... mit dem Sein des Einen für den Anderen und mit ihrem Miteinander-sein sich zu befassen« (ebd. VII).

Und auch wenn diese 500 Seiten Schrift über 35 Jahre alt ist, halte ich deren philosophische Diskussion über das Zwischen für herausragend und weiterhin aktuell. Denn Theunissen und ebenso Schilpp & Friedman sehen schon in den 1960er Jahren, dass Bubers Dialogisches Denken,

»die zur Unfruchtbarkeit erstarrten ›Kategorien‹ sprengt« (Schilpp/Friedman 1963a, X) und

»im kritischen Nachvollzug der Philosophie des Dialogs mehr eigenes ›Engagement‹ steckt als bei der Auslegung transzendentale(n)r Theorien« (Theunissen ebd. 485, Hervorh. i. O.).

So geht es für Theunissen in der Dialogik Bubers insbesondere um eine »existenzielle Praxis der unmittelbaren Ich-Du-Beziehung«; diese

> »ist der praktische Vollzug der Existenzen, die im Sichbegegnen aus der Veranderung zu sich selbst kommen« (ebd. 494). Sie geschieht, »... wenn aus der intentionalen Beziehung zum fremden Ich bzw. Mitdasein eine unmittelbare Begegnung mit dem Du wird« (ebd.).

Eine solche Praxis ist aber aufgrund ihrer Nicht-Intentionalität unzureichend darstellbar. D. h.: Das Du ist wegen dessen Werdens- und Prozesscharakters mehr als ein Bewusstseinsinhalt und mehr als ein starres Objekt. Vielmehr noch entzieht es sich für »dem direkten Zugriff theoretischer Auslegung« (ebd.). Deswegen betrachtet Theunissen Dialogik als einen eigentümlichen Ansatz und beschreibt deren ontologisches Zwischen als eine »Negative Abgrenzung«, da Buber weder vom Ich noch von Du ausgeht.

Mit Marcel hebt Theunissen das Du-Erlebnis als eine nicht-intentionale Begegnung jenseits von Autonomie und Heteronomie hervor. In der Du-Begegnung berührt mich mein eigenes Sein so, wie es nur mit dem Du möglich ist: Mir tut sich eine Wirklichkeit auf, über die ich keine Macht habe (vgl. Marcel in Theunissen ebd. 356). Marcel nennt diese Wirklichkeit Liebe, die weder im Innen noch im Außen des Ichs oder Dus liegt. Sie ist für ihn wie das Zwischen unverfügbar. Gleichzeitig darf Liebe, so Marcel, nicht als »Aufhebung der Differenz meines Selbst und des Anderen verstanden werden (ebd. 357). Das, was wir dabei wahrnehmen können, ist die gegenseitige »Veranderung« – ein Begriff, den Theunissen zuerst ohne Kenntnis, dass Husserl ihn entwickelt, selbst entwirft. Veranderung, d. h.: Wir beeinflussen uns gegenseitig in unseren Fremd- und Selbstbildern und verändern uns durch mitgestaltete Bewusstseinsprozesse. Mit anderen Worten: Die Verwirklichung des Zwischen ist nur im unmittelbaren Kontakt möglich. Worte darüber sind allein mentale Konstrukte über diese Realität. Sie weisen auf das Zwischen hin.

Ein Konzept bzw. eine Theorie über eine existenzielle Zwischen-Praxis kann in dieser Hinsicht aus dialog-phänomenologischer Sicht allenfalls als Lehre zum Lernen begriffen werden. Als ideologisches Konzept angewendet zeigt sich das Zwischen im phänomenologischen Ich-Es-Modus. So kann ein Gedachtes uns Sicherheit geben, uns aber auch zu Gefangenen eines materialisierten Denksystems machen, wie Thich Nhat Hanh über das Zwischen-Sein feststellt. Für ihn zeigt sich einerseits erst mit der Unsicherheit das Zwischen-Sein in der Liebe. Das Wissen darüber ist andererseits nur ein Floß über den Fluss zur Freiheit. Er formuliert wiederum dialektisch und sagt: Es gibt das Konzept und es gibt es nicht. Buber unterscheidet diesbezüglich, wie schon aufgezeigt, zwischen Lehre und Weg oder zwischen Orientieren und Realisieren.

Waldenfels, Vertreter der deutschen Phänomenologie, hingegen sieht in Anlehnung an Marx einen Wechselbezug von Theorie und Praxis. Eine Trennung beider ist für ihn »ein Leben ohne Einsicht und eine Einsicht ohne Leben« (1971, 409). In seiner Analyse über das »Zwischenreich des Dialogs« betrachtet er deshalb die Theorie als »potenzierten Dialog« (ebd.). Wir werden jedoch sehen, dass Waldenfels' Zwischenreich nicht mit Bubers Zwischen übereinstimmt. Vielmehr differenziert ersterer, was letzterer über das Zwischenmenschliche schreibt:

»Die Sphäre des Zwischenmenschlichen ist die des Einander-Gegenüber; ihre Entfaltung nennen wir das Dialogische« (Buber 1962i, 272).

So identifiziert Waldenfels den Entfaltungsraum als eine »Sphäre der Zwischenmenschlichkeit«, der eine »präpersonale Anonymität« vorausgeht. Er bezieht sich dabei auf den französischen Phänomenologen Maurice Merleau-Ponty. So ist das Zwischenreich des Dialogs für Waldenfels:

»... eine Nahtstelle, wo die personale Einzigkeit in der Kommunikation sich einpaßt in eine soziale Zusammengehörigkeit vor und nach der Kommunikation« (1971, 163).

Waldenfels geht es demnach um die Bedingungen einerseits und um genauere Darlegungen des Dialogischen andererseits. Doch lösen sich in Bubers Zwischen Ich und Du nicht auf. Das, was Waldenfels beschreibt, zielt vielmehr auf das, was Buber zum Ich-Es sagt. Es geht um Erfahrungen. Letztere sind jedoch für Buber kein »Baumeister« für das wirkliche Leben in Du-Beziehungen.

Phänomenologisch ist es trotzdem interessant, zu bedenken, was vor und nach dem Zwischen passieren bzw. jenseits des Zwischen liegen könnte. Wir dürfen nur nicht der Annahme erliegen über Wissen und Analyse zum Zwischen zu gelangen oder es irgendwie gestalten zu können. Für Waldenfels ist der Dialog ein Konzept, dass uns unsere »Vergemeinschaftung und Verleiblichung« widerspiegelt. So macht für ihn jeder »Versuch von Entleiblichung und Vereinzelung« deutlich, wie sehr wir soziale Wesen sind, die qua Geburt immer in einer »Welt und Mitwelt« leben. Diesbezüglich ist für Waldenfels die menschliche Geburt eine »Interfaktizität« (vgl. ebd. 406f.). Deswegen kann ich kein »reines Ich« werden (vgl. 404 ff.). Seiner Ansicht nach gibt es vor dem aktuellen Kontakt schon »ein gemeinsames Affiziertwerden«, was er auch »präpersonale Verbundenheit« nennt. Kommt es zur interpersonalen Verbindung oder »Interpersonalisation«, geschieht dies dennoch auf individuellen »Untergrunden von Erlebnissen und Natur« (ebd. 163 ff.) Diese Wortwahl erinnert mich an das Gestalt-Konzept von Vorder- und Hintergrund und beweist einmal mehr dessen phänomenologische Ausgerichtetheit.

Doch nicht nur an diesem Punkt bezieht sich Waldenfels auf Husserl, sondern auch, wenn er mit ihm behauptet, dass es eine »transzendentale und absolute Intersubjektivität« gibt (ebd. 17, 27). Absolut meint hier, dass Selbst- und Fremdbewusstsein untrennbar sind; transzendental, dass ich mir über mein In-der-Welt-Sein und meiner Mit-Welt bewusst werden kann. Doch zurück zum Zwischen in der Philosophie.

Mittlerweile gibt es den Begriff des Zwischen in zwei philosophischen Wörterbüchern: Einmal im Wörterbuch der phänomenologischen Begriffe (Vetter 2004) und dann im Historischen Wörterbuch der Philosophie (vgl. Theunissen 2005).

Zudem wird der Begriff in differenztheoretischen Diskursen zur interkulturellen Kommunikation genannt (vgl. Richen & Balzer 2007, 66). Das Zwischen scheint gegenwärtiger denn je, beziehen sich indessen einige aktuelle philosophische Publikationen auf das Zwischen, ohne sich jedoch explizit auf Buber zu beziehen.

Donatelle Di Cesare, italienische Philosophin, unterscheidet laut Frank Hahns (2013) Untersuchung »Der Sprache vertrauen – der Totalität entsagen«, zwischen »lebendigem Wir«

und »kollektivem Wir« und setzt das Zwischen mit dem ersten Wir gleich (ebd. 254).

Frédéric Worms, französischer Philosoph, entwickelt eine Theorie menschlicher Beziehungen, deren Ethik die Vorrangstellung von Beziehung zwischen den Wesen innehält (vgl. 2013, 89).

Allein Gernot Böhm – deutscher Philosoph – bezieht sich auf Bubers Dialogphilosophie, wenn er ein Dogma der europäischen Philosophie, das des reflexiven und intentionalen Bewusstseins kritisiert. Allerdings verortet er das nicht-intentionale Zwischen in eine konzeptionelle »Polarität von Ich und Selbst«, d.h. also in den Menschen hinein. Im »Ich und Selbst« kann, so Böhme, der Mensch sein Du als Wesen gewahr werden. Ein solch innerer reflexiver Dialog führt seiner Ansicht nach sogar zur echten Selbstvergewisserung. Hier zeigt sich jedoch wiederum eine monologische Sichtweise auf das Zwischen.

Ob das Zwischen eine Bewusstseinsform oder eine existentielle Praxis ist, diskutiert Eveline Cioflic (2012), wenn sie das ›Zwischen‹ bei Martin Heidegger erörtert, obwohl er den Begriff, den er von Buber übernimmt, explizit kaum reflektiert. Cioflic fragt sich, ob Heideggers Philosophie eine dialogische oder phänomenologische ist. Diesbezüglich meint die Autorin eine paradoxe Struktur bei Heidegger zu erkennen: »Das Zwischen ist zugleich Phänomen und Ermöglichung von Phänomenen« (Hervorh. i. O., o. S.).

Auch Gabriele Heidl (2010) befasst sich mit Heideggers Zwischen. Sie stellt dabei Beziehungen zwischen Heidegger und Hölderlin hervor. Demnach ist für Heidegger in Anlehnung an Hölderlin das Zwischen ein Ort, der beantwortet, »wie der

Mensch sei und wo er sein Dasein ansiedelt« (ebd. 29, FN 18). Zudem versteht sie Heideggers Zwischen einmal als Ort, und zwar als »die Mitte von zweien« und dann als eine Aktivität, nämlich als ein Wohnen in der Welt (ebd. 27). Die Autorin weist aber auch noch auf Deleuze hin. Seiner Ansicht nach vollzieht sich ein Dazwischen »in der Disjunktion von Sehen und Sprechen (ebd. 11). Kommt Heidl in ihrer Erörterung dem Buberschen Zwischen schon sehr nahe, so bleiben Cioflic wie auch Böhme dem unmittelbaren dialogischen Zwischen fern, da sie es ausschließlich phänomenologisch betrachten, d. h. als Bewusstseinsinhalte über die Welt bzw. aus der Sicht von Menschen. Beide Autor*innen unterscheiden nicht zwischen mittelbaren und unmittelbaren Erkennen.

So betrachtet Schubbe (2010) das Zwischen in Anlehnung an Schopenhauer als eine intuitive Einsicht, die unmittelbar, nichtreflexiv und nicht-vorsätzlich ist. Diese ähnelt der Kontemplation, die ursprüngliches Wissen aufdeckt. Dagegen hält eine wissenschaftliche Reflexion über das Zwischen laut Schubbe diesen Ursprung nicht mehr inne. Es wird mittelbar.

Eine ähnliche Kritik an der Phänomenologie übt auch Yamaguchi schon 1977. Er setzt, wie anfangs gesagt, das asiatische *Ki* mit Bubers Ich-Du gleich. Nur dort ist für ihn wie für Buber die Spaltung von Subjekt und Objekt für kurze Zeit aufgehoben. *Ki* selbst bezeichnet für Yamaguchi eine Leib-Seele-Einheit bzw. eine Bewusstseinswandlung, »…nämlich das Ganzheitlich-Einheitlich-Werden einer Existenz« (ebd. 229). Diese Existenz ist selbstlos, d. h. ohne Intentionen. Sie ist also nicht-intentional. So erkennt Yamaguchi selbst bei Theunissen und Waldenfels noch eine zu hohe aktive Passivität zum Ich-Du, wenn sie vom »Angesprochenwerden« im Dialog schreiben.

Fehlt seiner Meinung nach »bei Buber eine genaue Besinnung auf dem Weg zur Ich-Du-Beziehung«, zeigt er am Beispiel von Shizutera Ueda's – japanischer Philosoph – Auffassung vom Zen-Buddhismus, wie letzterer den Grund des Zwischen als

> »Un-grund des Nichts, in das Ich und Du zusammen entwerden, und aus dem Ich und Du sowohl je als selbstständiges Subjekt als auch in ihrer gegenseitigen Abhängigkeit neu geboren werden« betrachtet (Ueda nach Yamaguchi ebd. 231).

Demnach ist für Yamaguchi die Ich-Du-Beziehung ein Paradox. D. h., je mehr Ich und Du diese loslassen, je mehr wird Ich am Du oder mit seinen Begriffen, je selbstloser bzw. leerer das jeweilige Selbstsein desto erfüllter die Selbstlosigkeit.

Den Anspruch auf die Wiederherstellung einer Leib-Seele-Einheit erhebt auch die Gestalttherapie, die Bubers Dialogik als eine ihrer Wurzeln versteht. Wie das Zwischen dort rezipiert wird, ist Inhalt des nächsten Kapitels.

6. DAS ZWISCHEN IN DER GESTALTTHERAPEUTISCHEN DISKUSSION

Die Rezeption der Buberschen Dialogik von Seiten der Gestalttherapie ist überragend. Die Hinweise auf das Dialogische Prinzip sind endlos. Die Thematisierung des Zwischen ist hingegen eingeschränkter. Meist wird das Zwischen mit Ich-Du gleichgesetzt. Als eigenständiger Begriff fehlt er z. B. im 1000seitigen Handbuch der Gestalttherapie von Fuhr, Gremmler-Fuhr und Screckovic (1999). Dort widmet Martina Gremmler-Fuhr dem »›Zwischen‹ im Dialog« ein kleines Kapitel von 12 Zeilen, wovon drei Zeilen ein Zitat von Martin Buber enthalten. Ihre feine Darstellung des Zwischenmenschlichen sticht hierbei dennoch hervor. Gremmler-Fuhrs Ansicht nach bezeichnet dieser Begriff komplexe Prozesse zwischen Menschen,

> »... es handelt sich um Atmosphären und Stimmungen, die darüber hinaus auch nur teilweise innerhalb Kontaktgrenzen der beteiligten Personen wahrgenommen werden können; diese Prozesse spielen sich zum überwiegenden Teil im *Hintergrund* (kursiv i. O.) des vordergründigen Geschehens ab und sind auch da nur bruchstückhaft unserem Bewußtsein zugänglich. Nur wenige Aspekte des Zwischenmenschlichen lassen sich daher objektiv an Verhaltensweisen der Beteiligten und an Dynamiken, die im systemischen Sinn auf ihre Regelhaftigkeit und Funktionalität hin untersucht werden können, beobachten« (ebd. 393f.).

Gremmler-Fuhr unterscheidet diesbezüglich zwischen Dialog

und Zwischen. Im »Lexikon der Gestalttherapie« von Blankertz und Doubrawa (2005) fehlt der Begriff »Zwischen« als eigenständiger gleichermaßen. Beide Autoren fassen unter »Buber, Martin« und in Anlehnung an dessen politische Aussagen das Zwischen als dritte Grundmöglichkeit neben Individualismus und Kollektivismus auf. Sie verstehen unter dem Zwischen eine notwendige Sphäre zur Entwicklung echter Wir-Gemeinschaften (vgl. ebd. 43 f.).

Ein einziges Gestalt-Buch gibt es im deutsch-amerikanischen Sprachraum, das den Begriff Zwischen im Titel enthält. Es ist Richard Hycners »Zwischen Menschen – Ansätze zu einer Dialogischen Psychotherapie« und erschien 1989 in deutscher Sprache. Für Hycner umfasst das Zwischen sowohl die Getrenntheit als auch die Bezogenheit unter Menschen. Unmissverständlich bezieht er sich dabei auf Martin Buber und gibt dessen Beschreibungen wieder. Hycner benutzt die Begriffe zwischenmenschlich, dialogisch und (Z)wischen annähernd gleich, wobei er den Ursprung des Dialogs einerseits im Miteinander sieht. Andererseits sagt er auch, dass das Zwischen »mehr als beide einbringen können – es ... auch Gnade –« ist (Hycner nach Gremmler-Fuhr 1999, 400). So definiert er das Zwischen als

> »... einen Realitätsbereich, der sowohl TherapeutIn als KlientIn umfaßt und dem sich beide in größerem oder kleinerem Ausmaß nähern« (Ders. 2003b, 85).

Diesbezüglich könnten sich TherapeutInnen selbst überschätzen, meint Hycner, wenn sie glauben, die Ich-Du-Beziehung beeinflussen zu können (vgl. ebd. 89).

Für Gestalt-Reflexionen scheinen mir die Begriffe fruchtbar zu sein, die Hycner aus Bubers Aufsatz »Zwiesprache« in Hinblick auf »Widerstand« übernimmt. Buber behauptet dort, dass jeder Mensch in einem »Panzer« steckt, der ihm als »Schutzapparat« dient und aus dem wir uns nicht mehr wagen, wenn wir ihn aus »Gewöhnung nicht mehr spüren« (vgl. Buber 1962, 183). Dass Widerstand auch interpersonale Wurzeln hat, darauf will Hycner insbesondere hinweisen. Demnach müsste sich der oder die Gestalttherapeut*in fragen, wie sie das Zwischen verhindert oder fördert.

Letzteres gelingt durch »die Hingabe an den Dialog«, sagt Yontef, wenn er oder sie zulässt, »daß das Zwischen die Kontrolle übernimmt« (Yontef nach Gremmler-Fuhr ebd. 399). Für Hycner »stellt sich der Therapeut in den Dienst des Zwischen« (ebd. 401); denn von diesem Zwischen scheint sich der/die Klient*in zurückgezogen zu haben.

Hier ist es wichtig anzumerken, dass Hycner mit Maurice Friedman zu Martin Buber zusammengearbeitet hat. Beide sind Begründer des »Institute for Dialogical Psychotherapy« in San Diego/Kalifornien. Maurice Friedman haben wir zu verdanken, dass durch seine Buber-Übersetzungen vom Deutschen ins Amerikanische und durch von ihm initiierte Einladungen an Buber in die USA das Dialogische Prinzip nach Adornos Abwinken überhaupt wieder Beachtung fand, die dann zu einer neuen Aufmerksamkeit für Buber in Deutschland führte. Friedman ist wie Theunissen einer der wenigen, der Bubers Unterscheidung zwischen Dialog und Zwischen versteht und differenziert aufnimmt: Das Zwischen ist die sogenannte Ur-Wirklichkeit, auf die Buber hinweist, und der Dialog ist die Entfaltung dieser Wirklichkeit zwischen Ich und Du (vgl. Friedman 1960, 85). Dorthin gelangen wir, wie schon einmal beschrieben, durch unmittelbare Authentizität:

But where the appearance arises from a lie and is permeated by it, the ›sphere of the between‹ is threatened in its very existence« (ebd. 86).

Für die Dialogische Psychotherapie fordert Friedman das, was Buber (2008b) im Vorwort »Heilung aus der Begegnung« zu Trübs gleichnamigem Buch beschreibt. Heilung geschieht, wenn der / die Psychotherapeut*in mit und jenseits seiner bzw. ihrer »systematischen und methodischen Ueberlegenheit« den Raum betritt, »wo Selbstheit der Selbstheit ausgesetzt ist«. Denn

> »(N)ie ist eine Seele krank, immer auch ein Zwischenhaftes, ein zwischen ihr und anderen Seienden Bestehendes« (ebd. 57).

Bedingung dafür ist jedoch auch, so Buber, dass der/die Professionelle diesen Seelenzustand durchlitten hat; denn erst dann kann er / sie die Ansprache daraufhin riskieren. Mit anderen Worten, therapeutisch wirksam sind professionelle Therapeut*innen, wenn sie an der ontologischen Sphäre des Zwischen teilnehmen, was sie paradoxerweise nicht aktiv machen können.

Staemmler erkennt dies nicht mit Buber aber in Bezug auf Merleau-Ponty an, wenn er ihn zitiert, um zu sagen, dass Dialog »ein gemeinsames Tun« ist, »dessen Schöpfer keiner von uns beiden ist« (Merleau-Ponty nach Staemmler 1999, 442.).

Ähnlich beschreibt Yontef das Zwischen, welches seiner Ansicht nach Bedingung für den Dialog überhaupt ist (vgl. 1999, 60 und 136).

Nach Portele unterstützt insbesondere die Abwesenheit von »symbiotischer oder konfluenter Rücksichtnahme« das Zwischen zwischen Ich und Du (vgl. 1992, 231). Er setzt dabei die Liebe mit Bubers Zwischen gleich.

Sreckovic (1999) macht mit Jaguemont und Rouber auf Marcels Dialogisches Denken aufmerksam, wenn er die Bedeutung von Bubers Ich-Du für die Geschichte und Entwicklung der Gestalttherapie darlegt. Demnach zeigt sich die dialogische Haltung als eine unverfügbare:

> »Was sich also in der Intersubjektivität ereignet ist Begegnung, Mitsein, Anwesenheit, Für-den-anderen-da-Sein, Gemeinschaft, und zwar als ungreifbare Gabe ...« (Marcel nach J & R nach Sreckovic ebd. 42).

Dass die sogenannte Kontaktgrenze zwischen Ich und Nicht-Ich Element des Buberschen Zwischen sein könnte, erschließt sich aus Sreckovics Darlegung von Paul Tillichs Einfluss auf Laura Perls. Tillich meint mit Grenze ein Begegnen, das »zwischen« geschieht und Grenze somit eine »Zwischenfunktion« bekommt (ebd. 44). Sreckovic setzt diesbezüglich Tillichs »Konzept von Grenze« mit dem Gestalt-Konzept von Kontaktgrenze innerhalb des Organismus-Umweltfeldes gleich. Mit anderen Worten: Aus der Gestaltperspektive ergibt sich für das Zwischen ein Feld, in dem Grenzen existieren.

Tillichs Auslegung von Grenze als »fruchtbaren Ort der Erkenntnis« deckt sich mit Simkins (2003) Vorstellung von »In-Kontakt-Sein«. Für ihn liegt das Neue an der Kontaktgrenze zwischen »Ich« und »Nicht-Ich«. Doch ist Grenz-Funktion für Laura Perls (2005, 144) eine Ego-Tätigkeit und somit an ein Ich gebunden, was Bubers Zwischen wiederum nicht ist und

Theunissen – wie schon im vorherigen Kapitel dargelegt – als die »Negativität des Zwischen« bezeichnet hat:

> »Buber geht also – darin liegt das Eigentümliche seines Ansatzes – weder vom Ich noch vom Anderen aus« (1977, 265).

Insofern sind die meisten Ich-Du-Bezüge in der Literatur zur Gestalttherapie nicht mit dem Zwischen automatisch gleichzusetzen, da Begegnung und Dialog zu Recht dem Ich und dem Du als Tätigkeiten zugeschrieben werden.

So wird das Zwischen im Buberschen Sinne nicht wirklich erkannt, wenn z. B. Valentin-Mousli (1998) in einem Interview sagt: »Laut Buber füllen Ich und Du ein gemeinsames Dazwischen, und jede von uns geht verändert aus der Begegnung hervor« (Flaig & Valentin-Mousli 1998, o. S.). Hier ist das Dazwischen ein Handeln, das vom Ich und Du ausgeht.

Das Gleiche gilt im Gestaltkontext für die Analogien von Ich – Du mit dem taoistischen »wu-wei« (= Nicht-Tun) und dem sogenannten mittleren Modus, der als ein Zusammenspiel von Figur und Hintergrund betrachtet wird. In beiden Konzepten haftet das Ich immer an etwas an, so dass beide kein Ersatz für das Zwischen sein können. Auch bei der oft zitierten »heiligen Unsicherheit« wird übersehen, dass diese aufgrund der Entscheidungsfreiheit nur ein einzelnes Ich empfinden kann (vgl. Sreckovic ebd. 41).

Weitere Aussagen am Beispiel von Margaret Korb (2010) oder Stephen Schoen spiegeln die übersehene Ich-Perspektive auf das Zwischen wider. Korb berichtet über ihre Erfahrungen des heiligen »Zwischen« und Schoen vergleicht Ich-Du mit der »Tiefe der Mitte des Seins« (1996, 39). Es wird deutlich, dass zwischen Ich-Du und dem Zwischen unterschieden werden muss. Beim Zwischen gibt es keine Ego-Tätigkeit, beim Ich-Du schon, weil es eine Grenze zwischen beiden gibt.

Überzeugend finde ich jedoch die Gleichsetzung des Zwischen mit dem Konzept der »schöpferischen Indifferenz«, was u. a. Beaumont (2011, 84), aber auch Portele und Fuhr & Gremmler-Fuhr diskutieren.

Beaumont beschreibt, wie Paare ihr »Dazwischen« manipulieren (genauer gesagt, versuchen sie, es zu manipulieren, denn, wie unweit erläutert, das Zwischen ist nicht manipulierbar – CM), um sich sicher zu fühlen. Laut Beaumont vermeiden die jeweiligen Partner*innen die Auseinandersetzung mit der so sogenannten »fruchtbaren Leere«, die jedoch auch hier wieder individualpsychologisch und nicht ontologisch reflektiert wird.

Warum ich das Konzept der schöpferischen Indifferenz trotzdem für anschlussfähig an das Bubersche Zwischen halte, liegt im Folgenden; und zwar dort, wo Gremmler-Fuhr den mittleren Modus als »Bewusstseinsmodus« versteht,

> »... der uns einen wichtigen, wenn gar den wichtigsten Aspekt unseres Seins in der Welt zugänglich werden läßt: den Seinsgrund« (1999, 383).

Letzteren bezeichnet Frambach als »schöpferische *Grund*-Liebe« (kursiv i. O., 1994, 396). Das Zwischen wäre für mich dann der »*wahre Grund*«, dem der Mensch vertrauen könnte. Doch auch diese Perspektive ist wiederum individualistisch geprägt. Das Zwischen entpuppt sich dessen ungeachtet nur kollektiv. D. h. mindestens zwei Menschen bewegen sich aufeinander zu und es zeigt sich etwas jenseits dieser zwei Akteure, die dialogisch gesprochen keine sind. Ich verstehe dieses »Dritte als ein Risiko zum Vertrauen

> ..., das im dialog-etymologischen Sinn *Sich-Selbst-an-eine-andere-Stelle-wagen* bedeuten könnte« (Hervorh. i. O., Muth 2011, 207).

Frambach schreibt diesbezüglich in Anlehnung an Petzolds »Grundvertrauen« von »*Grund-Vertrauen*«, das sich in »*Grund-Verbundenheit*« und »*Grund-Abhängigkeit*« zeigt, was wiederum Bubers Ich-Du und Ich-Es nahekommt (Hervorh. i. O., ebd. 393).

Petzold betrachtet hingegen Grundvertrauen als »Bewusstsein einer grundlegenden Koexistenz«, die qua Geburt als »Grundqualität menschlicher Existenz dem Menschen innewohnt (Petzold nach Frambach ebd. 393), so dass wiederum dem Zwischen eine individuelle Quelle zugedacht werden könnte. Frambach geht aber darüberhinaus. Für ihn ist der »wahre Grund«

> »eine *Überpolarität* Gottes (K. Heim), in der in einen *coincidentia oppositorum* (N. v. Kues) alle Gegensätze ›aufgehoben‹ sind. Gott ist schlicht ein anderes Wort für Wirk-lichkeit – im tiefsten und radikalsten Sinn« (Frambach ebd. 390).

Hier ist anzumerken, dass Buber sich in seiner Dissertation mit Nikolas von Kues (1401-1464) auseinandergesetzt hat. Von diesem übernimmt er einerseits die Einzigartigkeit jedes Menschen, d. h. »The seeing of your eye cannot be the seeing of an other eye« (Buber nach Friedman 1988, 80) und andererseits die Annahme, dass sich diese Anderheiten in ihren Gegensätzlichkeiten nicht aufheben, sondern alle im göttlichen Grund der Welt aufgehoben sind.

Aufgrund unseres dualistischen Entweder-Oder-Denkens sind wir diesem Grund aber immer wieder verschlossen. Doch erst wenn, so Frambach, aus Dualitäten Polaritäten werden, können wir »befreit« uns der »Schöpferischen Indifferenz« öffnen. Dieser Weg, den F. Perls einen »von der unfruchtbaren Leere zur fruchtbaren Leere« nennt, bezieht sich in Perls' Übernahme von Friedlaenders Konzept der »Schöpferischen Indifferenz« auf einen Nullpunkt, »von dem aus eine Differenzierung in Gegensätze« stattfindet und zu dem »jedes Ereignis in Beziehung« steht (Perls 1995, 16). So gesehen könnte das Zwischen ein Nullpunkt sein, zu dem das Ich-Du auf der einen Seite in Beziehung steht, und das Ich-Es auf der anderen Seite.

F. Perls vergleicht zudem diesen prä-differenten Zustand mit dem »Chaos vor der Schöpfung« (ebd. FN 20), was wiederum Buber als Aufgabe des Menschen sieht, nämlich aus dem Chaos Kosmos zu formen (vgl. Krüger-Day 1995). Diesbezüglich ist Daubers Beschäftigung mit der Wortgeschichte des Begriffs Chaos im Deutschen, Griechischen, Lateinischen und Hebräischen erhellend. Für ihn scheint es so,

> »… als ob ›Chaos‹ wortgeschichtlich einen Moment und einen Ort des ›dazwischen‹ bezeichnet, den Raum, wo Nahrungs- und Atemwege sich begegnen und voneinander geschieden werden: den Moment zwischen einatmen und ausatmen, zwischen kauen und schlucken; zwischen Himmel und Hölle« (Dauber 1997, 4).

Für Friedlaender selbst ist jedoch das Nichts »der Schöpfer der Welt«, aus dem alles entspringt (vgl. Frambach ebd. 85). Dass wir mit Worten oder auch Bildern diesem Zwischen nicht gerecht werden, wird nun auch mit F. Perls einsichtig, wenn er notiert: »Ohne Bewusstsein ist nichts. Ohne Bewusstsein ist Leere« (1981, 72).

In Anlehnung an Friedlaender fasst Frambach den Weg des einzelnen Menschen zum Zwischen »als spirituellen Aspekt« der Gestalttherapie anschaulich so zusammen:

> »Durch Indifferenzierung, radikale Entleerung des eigenen Bewußtseins, öffnet sich der Mensch der kreativen Mitte aller Erscheinungen, dem freien Zentrum seines Wesens« (Frambach 1999b, 620).

Hierbei geht es freilich nicht um eine mystische bzw. präpersonale Verschmelzung von Ich-Bewusstsein und Körper, sondern um eine »differenzierte Einheit«, wie Frambach (vgl. 94, 394) und Fuhr (586) betonen. Vielmehr ist das Erkennen und die Befreiung von introjizierten Dualismen Voraussetzung für den Dialog im Sinne Bubers, den Fuhr in seiner Entwicklungstheorie für die Gestalttherapie der siebten, der transrationalen Stufe im »Spektrum der Persönlichkeitsentwicklung« nach Wilber zurechnet (vgl. ebd.). Diesbezüglich sehen Fuhr und Gremmler-Fuhr den »intentionalen« oder »transrationalen Dialog« als »wichtigstes Medium der therapeutischen, beraterischen und pädagogischen Arbeit« (ebd. 588) an:

> »Ich-Es- und Ich-Du-Beziehung stehen nicht mehr getrennt nebeneinander, sondern bilden eine differenzierte und umfassende Einheit von ›subjektiver‹ und ›objektiver‹ vereinzelter und gemeinsamer Erfahrung, Reflexion und Interpretation« (Fuhr u. a. 1999a, 641).

Infolgedessen ist ein Ich-Du als Bewusstseinsmodus für Fuhr wesentlich für eine professionelle Gestalttherapie, aber alles Transpersonale oder Spirituelle nicht mehr. Denn hier

> »verliert sich die Ich-Bezogenheit schrittweise bis zur völligen Auflösung« (Fuhr 1999, 586f.).

Daher gehört das Zwischen zu einer transpersonalen bzw. spirituellen Sphäre, die Gestalttherapie als Verfahren laut Fuhr allerdings nicht integrieren kann

> »... sie kann jedoch von umfassenderen Konzeptionen der transpersonalen Ebene integriert werden« (ebd. 589; vgl. Muth 2005).

Diese Perspektive habe ich bei B. Alan Wallace, vom Dalai Lama ordinierter Ex-Mönch und promovierter Religionswissenschaftler gefunden. In seinem Buch über kontemplative Wissenschaft setzt er Bubers Ich-Du mit »loving-kindness«, einer der vier »heilsamen Haltungen« im Buddhismus gleich. Die weiteren Haltungen lauten »compassion, empathetic joy and equanimity (Wallace 2007, 118f.). Alle vier übersetzt Sylvia Wetzel, Ex-Nonne und Meditationslehrerin, mit »Freundlichkeit, Mitgefühl, Mitfreude und Gleichmut« (Wetzel 2014, 201). Wallace versteht unter »loving-kindness«:

> »... the heartfelt yearning for the well-being of others« (ebd.).

Der dazu korrespondierende Begriff aus dem Sanskrit »Maitri«, der oft mit Liebe übersetzt wird, ist dem Autor zu ungenau, denn eine Ich-Du-Beziehung ist in der buddhistischen Praxis eine, in der

»… one is vividly aware of the other person's joy and sorrow, hopes and fears« (ebd.).

Das Ich-Es übersetzt er mit »rāga« und meint damit »attachment«, »craving« oder »obsession«, was Sylvia Wetzel mit Anhaftung, Hass und Idealisierung im Deutschen gleichsetzt. Auch Wetzel zieht es vor, Liebe mit einem anderen Wort zu ersetzen und bevorzugt, »allgemeine Freundlichkeit« oder auch »Herzensgüte« (ebd. 84).

Doch um wirklich eine Ich-Du-Beziehung einzugehen, darin sind sich beide Autor*innen einig, braucht das Ich Selbstakzeptanz und Achtsamkeit:

»The aim of the (Buddhist – CM) practice is to gradually experience the same degree of loving-kindness for the dear friend as for oneself, for the neutral person as for the dear friend, and finally for the enemy as for the neutral person« (Wallace ebd. 120).

Dieser Satz erinnert an Bubers Aussage, dass der Dialog auch mit dem Feind möglich ist und an meine Zusammenführung von Buddhismus und Dialogik, in der ich Meditation als Bildung in der Gegenwart betrachte (vgl. Muth 2011, 42; 2013).

Ebenso beschreibt Buber den Ort der Liebe als einen zwischen Ich und Du. Frambach versteht diesbezüglich für die Gestalttherapie das »Wesen der Liebe« so, dass es die Gegensätze vereint, versöhnt und »zu einem kreativen, polaren Wechselspiel« befreit (1994, 395). Hierbei bezieht er sich über Meckenstock auf Tillich, der »Agape« als »Liebe in der Bezogenheit auf den Grund des Lebens« versteht (Tillich nach Meckenstock nach Frambach ebd. FN 3). Eine solche Liebe könnte die praktische

Vermittlung von Gestalttherapie seitens Laura Perls getragen haben. So findet Sreckovic in ihren Notizen zu einer Tillich-Vorlesung eine zur Agape, dass pädagogische Begegnung

> »als Anerkennung ... und Interesse für das Wohlergehen des Anderen, frei von eigenen Gefühlen und Interessen«

verstanden werden kann (1999, 44). Ob jedoch laut Wallace Bubers Zwischen mit »luminous space of nonlocal awareness« und mit »play of this non local awareness« übereinstimmt, scheint mir doch wieder phänomenologische Sicht zu sein. Denn Gewahrsein ist immer eine menschliche Tätigkeit. »Nicht-Dualität« als Polarität kommt dabei dem Zwischen schon sehr nah.

In Hinblick auf Liebe überzeugt mich mehr deren Beschreibung von Friedlaender, wenn er sagt:

> »Liebe ist so wenig ein süsses Gefühl wie ein bitteres; sie hat den Neutralgeschmack des lautren Wassers, sie spürt sich nur an den dagegen kontrastierenden süssen und bitteren Dingen und an denen nur dann, wenn sie sich von ihnen nicht beeinflussen lässt« (Friedlaender 1918, 256).

Schaue ich auf die gestalttherapeutischen Aussagen zum Zwischen jetzt zurück, ist festzustellen, dass deutlicher zwischen Dialog und Zwischen unterschieden werden könnte. Das Gestalt-Konzept der schöpferischen Indifferenz scheint dem Buberschen Zwischen verwandt zu sein. Eine weitere Auseinandersetzung aus spiritueller bzw. transrationaler Perspektive wäre sinnvoll und notwendig für klare professionelle Grenz-Beziehungen.

7. NEUE EINSICHTEN ÜBER DAS ZWISCHEN?!

Füge ich die philosophischen und gestalttherapeutischen Perspektiven zusammen, komme ich zu folgenden neuen Einsichten:

- Dialog und Zwischen im Sinne von Martin Buber unterscheiden sich theoretisch wie praktisch. Buber betrachtet das Zwischen – ontologisch – als Ur-Chance zum Sein. Auf diesem Hintergrund können sich singuläre Dialoge entfalten.

- Ur-Distanzierung im Sinne einer Selbst-Werdung ist ein notwendig individueller Schritt zum Ich-Du. Differenzierung im Sinne einer tätigen Ego-Funktion wird somit Bedingung, wenn Ich und Du sich gegenseitig und unmittelbar einander zuwenden. Erst dann offenbart sich der Dialog, und zwar auf dem Hintergrund des Zwischen. Weder Ich noch Du haben Einfluss auf das Zwischen. Es ist unabhängig von Ich und Du. Das Zwischen kann praktisch als »Un-Grund des Nichts« (Ueda) nicht wahrgenommen werden.

- Theoretisch überzeugen mich die konzeptionellen Beschreibungen von den Gestalttherapeut*innen Gremmler-Fuhr und Frambach. Erstere erkennt im Zwischen den Seinsgrund der Menschen. Mit Friedlaenders Gedanken zur schöpferischen Indifferenz betrachtet der zweite das Zwischen als Raum schöpferischer Grund-Liebe. Im Zwischen heben sich demnach die Polaritäten der menschlichen Wirklichkeit auf und strahlen von da aus polar, d.h. dialogisch im Ich-Du oder dualistisch im Ich-Es zurück.

- Entsprechend scheint eine professionelle Gestalttherapie, wie Buber, nur darauf hinzeigen zu können. Lehr- und lernbar ist Liebe im Zwischen nicht. Denn es bzw. sie ist unverfügbar. Polaritäten hingegen können wir erspüren und ein Gewahrsein für die Abwesenheit von Anerkennung und Wohlwollen entwickeln. Die schöpferische Leere, die wir fühlen, ist jedoch immer eine subjektive, sie haftet dem Ich oder Du an. Wenn ich diese im Ich-Es beschreibe, ist der Moment, in dem ich die Leere empfinde, schon vorbei.

- Für Buber zeigt sich das Zwischen im höchsten Moment des Unbewussten, was für mich eine Absage an die Phänomenologie und Buddhismus ist. Denn letzterer streitet dessen Existenz ab und erstere definiert alles als intentional. Konsequent scheint mir diesbezüglich, dass sich aus den noch verborgenen Gemeinsamkeiten ein dialogischer Raum zwischen Gestalttherapie und der (intersubjektiven) Psychoanalyse entfaltet.

8. DREI STROPHEN
FÜR DAS WERDENDE ZEITALTER

GEWALT UND LIEBE
1926

1. Unsre Hoffnung ist zu neu und zu alt –
Ich weiß nicht, was uns verbliebe,
Wäre Liebe nicht verklärte Gewalt
Und Gewalt nicht irrende Liebe.

2. Verschwör nicht: ›Liebe herrsche allein!‹
Magst du's bewähren?
Aber schwöre: An jedem Morgen
Will ich neu um die Grenze sorgen
Zwischen Liebestat-Ja und Gewalttat-Nein
Und vordringend die Wirklichkeit ehren.

3. Wir können nicht umhin
Gewalt zu üben,
Dem Zwange nicht entfliehn,
Welt zu betrüben,
So laßt uns, Spruchs bedächtig
Und Widerspruches mächtig,
Gewaltig lieben.

(Aus: Buber 1993, 20)

LITERATUR

Das angegebene zweite Erscheinungsjahr verweist auf die Erst-erscheinung. Auf weitere bibliographische Angaben, insbesondere zu Bubers Schriften, habe ich diesmal bewusst verzichtet, um die Literaturliste übersichtlich zu halten. Außerdem liegen zu Buber viele Aufstellungen vor. Ich verweise abschließend auf die neue Buber-Gesamtausgabe, die in 21 Bänden vom Gütersloher Verlagshaus editiert wird.

Bachelard, Gaston (1969): Préface, in: Buber, Martin: Je et Tu (1938 übersetzt von Geneviève Bianquis), Paris.
Beaumont, Hunter (2011): Gestalttherapie mit Paaren, Selbstorganisation und Dialog, in: Gestaltkritik, 1, o. S. bzw. www.gestalt.de/beaumont_paare.html (aufgerufen am 28. 07. 2014).
Blankertz, Stefan & Doubrawa, Erhard (2005): Buber, Martin, in: Dies. Lexikon der Gestalttherapie, Wuppertal, 40-48.
Böhme, Gernot (2014): Bewusstseinsformen, München.
Breuer, Ingrid (1996): Fluchtlinien aufspüren. Das anarchistische Denken des Gilles Deleuze, in: Breuer, Ingrid / Leusch, Peter / Mersch, Dieter: Welten im Kopf – Profile der Gegenwartsphilosophie (Band Frankreich/Italien von drei Bänden), Hamburg, 61-73.
Buber, Martin (2008): Werkausgabe: Band 10 – Schriften zur Psychologie und Psychotherapie, Gütersloh.
Buber, Martin (2008a/1965): Das Unbewußte. Notizen von einem Seminar in der School of Psychiatry in Washington, in: Ders. 2008, 217-235

Buber, Martin (2008b/1951): Heilung aus der Begegnung – Geleitwort zu Hans Trübs gleichnamigen Buch, in: Ders. 2008, 54-58.

Buber, Martin (1996): Buber für Atheisten: ausgewählte Texte, hrsg. und kommentiert von Thomas Reichert, Gerlingen.

Buber, Martin (1995/1923): Ich und Du, Stuttgart.

Buber, Martin (1993a): Gewalt und Liebe, in: Ders. 1993, 20.

Buber, Martin (1993/1965): Nachlese, Gerlingen.

Buber, Martin (1992/1962): Das dialogische Prinzip, Gerlingen.

Buber, Martin (1992a/1954): Nachwort: Zur Geschichte des dialogischen Prinzips, in: Ders. 1992, 299-320.

Buber, Martin (1963a/1960): Autobiographische Fragmente, in: Schilpp & Friedman 1963, 1-34.

Buber, Martin (1963b/1960): Antwort, in: Schilpp & Friedman 1963, 589-639.

Buber, Martin (1963c): Vorwort, in: Ders.: WERKE: 3. Bd. – Schriften zum Chassidismus, München/Heidelberg, 7.

Buber, Martin (1962/1954): Zwiesprache, in: Ders. 1962d, 171-214.

Buber, Martin (1962a/1956): Dem Gemeinschaftlichen folgen, in: Ders. 1962c, 31-72.

Buber, Martin (1962b/1960): Das Wort, das gesprochen wird, in: Ders. 1962c, 7-29.

Buber, Martin (1962c): Logos, Heidelberg.

Buber, Martin (1962d): WERKE: Erster Band – Schriften zur Philosophie, München/Heidelberg.

Buber, Martin (1962e/1913): Daniel. Gespräche von der Verwirklichung, in: Ders. 1962d, 9-76.

Buber, Martin (1962f/1961): Aus einer philosophischen Rechenschaft, in: Ders. 1962d, 1109-1122.

Buber, Martin (1962g/1926): Rede über das Erzieherische, in: Ders. 1962d, 787-808.

Buber, Martin (1962h/1943): Das Problem des Menschen, in: Ders. 1962d, 307-407.
Buber, Martin: (1962i/1954): Elemente des Zwischenmenschlichen, in: Ders. 1962d.
Buber, Martin: (1953/1952): Hoffnung für diese Stunde, in: Ders.: Hinweise, Zürich, 313-326.
Cioflec, Eveline (2012): Der Begriff des >Zwischen< bei Martin Heidegger, Freiburg/München 2012.
Dauber, Heinrich (1997): Schöpferisches Chaos oder schöpferische Indifferenz – woraus erwächst schöpferische Freiheit in der Therapie? In: Wernado, Mario (Hg.): Schöpferisches Chaos: Vorträge der 12. Arbeitstagung des Bad Wildunger Arbeitskreises für Psychotherapie, Bad Wildungen, 32 Manuskriptseiten, o. S. bzw. www.heinrichdauber.de/uploads/media/Schoepferisches_Chaos.pdf (aufgerufen am 28. 07. 2014).
Doubrawa, Erhard & Staemmler, Frank M. (2003/1999) (Hg.): Heilende Beziehung: Dialogische Gestalttherapie, Wuppertal.
Fasching, Wolfgang (2004): Zwischen, in: Vetter, Helmuth (Hg.): Wörterbuch der phänomenologischen Begriffe, 651.
Flaig, Maria & Valentin-Mousli, Bernadette (1998): Begegnungen auf dem Weg zu weiblicher Freiheit. Über Feminismus und Gestalttherapie, in: Gestaltkritik, 2, o. S. bzw. www.gestalt.de/feminismus.html (aufgerufen am 28. 07. 14).
Frambach, Ludwig (1999a): Schöpferische Indifferenz – Die Philosophie von Salomo Friedlaender, in: Fuhr u. a., 295-308.
Frambach, Ludwig (1999b): Spirituelle Aspekte der Gestalttherapie, in: Fuhr u. a., 613-632.
Frambach, Ludwig (1997): Ohne Maß und Mitte: Über die spirituellen Wurzeln unserer ökologischen Destruktivität, in: Transpersonale Psychologie und Psychotherapie, 1, 8-25.

Frambach, Reinhard (1994): Identität und Befreiung in Gestalttherapie, Zen und christlicher Spiritualität, Petersberg.
Friedlaender, Salomo (1918): Schöpferische Indifferenz, München.
Friedman, Maurice (1988): Martin Buber's Life and Work (1): The Middle Years, 1923-1945, Detroit.
Friedman, Maurice (1960/1955): Martin Buber. The Life of Dialogue. New York.
Fuhr, Reinhard (1999): Ansätze einer Entwicklungstheorie für die Gestalttherapie, in: Ders. u. a., 575-598.
Fuhr, Reinhard/Sreckovic, Milan / Gremmler-Fuhr, Martina (1999) (Hg.): Handbuch der Gestalttherapie, Göttingen.
Fuhr, Reinhard/Sreckovic, Milan / Gremmler-Fuhr, Martina (1999a): Gestalttherapeutische Diagnostik und klinische Gestalttherapie – Eine Einführung, in: Dies., 635-646.
Gremmler-Fuhr, Martina (1999): Dialogische Beziehung in der Gestalttherapie, in: Fuhr u. a., 393-416.
Hahn, Frank (2013): Der Sprache vertrauen – der Totalität entsagen. Annäherungen an Franz Rosenzweigs Sprachdenken, Freiburg/München.
Heidl, Gabriele (2010): Im Zwischen. Zum Sehen und Denken bei Martin Heidegger, Berlin.
Horwitz, Rivka (1978): Buber's Way to I and Thou. A Historical Analysis and the First Publication of Martin Buber's Lectures »Religion als Gegenwart«, Heidelberg.
Hycner, Richard (2003a/1985): Für eine dialogische Gestalttherapie. Erste Überlegungen, in: Doubrawa & Staemmler, 59-82.
Hycner, Richard (2003b/1999): Die Ich-Du-Beziehung. Martin Buber und die Gestalttherapie, in: Doubrawa / Staemmler, 83-94.
Hycner, Richard (1989): Zwischen Menschen – Ansätze zu einer Dialogischen Psychotherapie, Köln.

Israel, Joachim (1995): Martin Buber: Dialogphilosophie in Theorie und Praxis, Berlin.

Kaufmann, Fritz (1963): Martin Bubers Religionsphilosophie, in: Schilpp & Friedman, 180-207.

Korb, Margaret (2010): Heiliger Boden: Ich-Du in der Gestaltarbeit, in: Gestaltkritik, 2, o. S.
bzw. www.gestalt.de/korb_heiliger-boden.html (aufgerufen am 28. 07. 2014).

Krüger, Helga (1995) (Hg.): Aus dem Chaos Kosmos formen: Martin Bubers Wegweisung zum Leben, Berlin.

Marcel, Gabriel (1963): Ich und Du bei Martin Buber, in: Schilpp & Friedman 1963, 35-41.

Matt-Windel, Susanna (2014): Ungewisses, Unsicheres und Unbestimmtes. Eine phänomenologische Studie zum Pädagogischen in Hinsicht auf LehrerInnenbildung, Stuttgart.

Mendes-Flohr, Paul R. (1979): Von der Mystik zum Dialog. Martin Bubers geistige Entwicklung bis hin zu »Ich und Du«, Königstein/Ts.

Michel, Wilhelm (1926): Martin Buber: Sein Gang in die Wirklichkeit, Frankfurt/M.

Modehn, Christian (2013): Das überforderte Selbst. Zur Krise der Selbstbestimmung. Eine philosophische Meditation zum Salon am 15. 2. 13, inspiriert von Michael Theunissen, auf: www.religionsphilosophischer-salon.de/keys/michael-theunissen (aufgerufen am 28. 07. 2014).

Muth, Cornelia (2013a): Gott ist überall, in: ursache & wirkung, 86, 62-63.

Muth, Cornelia (2013b): Meditation als Bildung in der Gegenwart – eine dialogpädagogische Perspektive, in: Paragrana (Internationale Zeitschrift für Historische Anthropologie), 2, 227-234.

Muth, Cornelia (2011/1998): Erwachsenenbildung als transkulturelle Dialogik, Schwalbach/Ts.

Muth, Cornelia (2007): Heilende chassidische Geschichten. Martin Buber für Gestalttherapeutinnen und Gestalttherapeuten, Wuppertal
Muth, Cornelia (2005): Integrale Aspekte des Dialogischen Prinzips bei Martin Buber, in: Dies. : Willst Du mit mir gehen, Licht und Schatten verstehen? Eine Studie zu Martin Bubers Ich und Du, Stuttgart, 85-103.
Muth, Cornelia (2004): Zum Hintergrund von Martin Bubers Ich und Du, in: Gestaltkritik 2, o. S. bzw. www.gestalt.de/muth_buber.html (aufger. am 28. 07. 2014).
Muth, Cornelia & Nauerth, Annette (2008): Dialog und Diagnostik, Wien.
Perls, Laura (2005/1982): Aus dem Schatten hervortreten, in: Doubrawa, Anke / Doubrawa, Erhard (Hg.): Meine Wildnis ist die Seele des Anderen, Wuppertal, 121-147.
Perls, Frederik S. (1995/1946): Das Ich, der Hunger und die Aggression. Die Anfänge der Gestalt-Therapie, München.
Perls, Frederik S. (1981/1969): Gestalt-Wahrnehmung. Verworfenes und Wiedergefundenes aus meiner Mülltonne, Frankfurt/M. Restexemplare erhältlich bei der gikPRESS (gik@gestalt.de).
Polster, Erving / Polster, Miriam / Hycner, Rich: Die Dialogische Dimension der Gestalttherapie. Ein Gespräch, in: Doubrawa & Staemmler, 203-230.
Portele, Heik (2003/1994): Martin Buber für die Gestalttherapie, in: Doubrawa&Staemmler, 11-26.
Portele, Heik (1999): Gestaltpsychologische Wurzeln der Gestalttherapie, in: Fuhr u. a., 263-278.
Portele, Heik (1992): Der Mensch ist kein Wägelchen: Gestaltpsychologie – Gestalttherapie – Selbstorganisation – Konstruktion, Köln.
Ricken, Norbert&Balzer, Nicole (2007): Differenz: Verschiedenheit – Andersheit – Fremdheit, in: Straub, Jürgen / Wei-

demann, Arne / Weidemann, Doris (Hg.): Handbuch Interkulturelle Kommunikation und Kompetenz, 56-69.

Rosenzweig, Franz (1973/1922): Franz Rosenzweig an Martin Buber, Brief Nr. 103, in: Buber, Martin: Briefwechsel aus sieben Jahrzehnten, Band II: 1918-1938, Heidelberg, 124-128.

Schilpp, Paul A. & Friedman, Maurice (1963) (Hg.): Martin Buber, Stuttgart.

Schilpp, Paul&Friedman, Maurice (1963a): Vorwort, in: Dies., 1963, IX-XI.

Schoen, Stephen (1996): Bubers Ich-Du und die Übertragung in der Psychotherapie, in: Ders.: Wenn Sonne und Mond Zweifel hätten: Gestalttherapie als spirituelle Suche, Wuppertal, 38-50.

Schrage, Sigrid (2009): Menschenbild und Leiblichkeit: Eine philosophisch-anthropologische Studie nach der Phänomenologie Merleau-Pontys, Stuttgart.

Schrey, Heinz-Horst (1991/1970): Dialogisches Denken, Darmstadt.

Schubbe, Daniel (2010): Philosophie des Zwischen: Hermeneutik und Aporetik bei Schopenhauer, Würzburg.

Simkins, James S. (2003): Solange der Therapeut weiß, was er tut – Interview mit einem der ersten Gestalttherapeuten, in: Gestaltkritik 2, 2003, o. S.
bzw. www.gestalt.de/simkin_interview.html (aufgerufen am 28.07.2014).

Sreckovic, Milan (1999): Geschichte und Entwicklung der Gestalttherapie, in: Fuhr u. a. 1999, 15-178.

Staemmler, Frank M. (1999): Gestalttherapeutische Methoden und Techniken, in: Fuhr u. a., 439-460.

Stemberger, Günter (2010): Judaica Minora II. Geschichte und Literatur des rabbinischen Judentums, Tübingen.

Theunissen, Michael (1977/1965): Der Andere: Studien zur Sozialontologie der Gegenwart, Berlin.

Theunissen, Michael (2005). Zwischen, in: Ritter, Joachim & Gründer, Karlfried (1971-2007) (Hg.): Historisches Wörterbuch der Philosophie, Band 12 von 13 Bänden, 1543-1549.

Thich Nhat Hanh (1997): La pratique du regard profond dans la tradition bouddhiste mahayana, Saint-Amand. Montrond.

Ueberschaer, Frank & Krupp, Michael: Die Mischna: Avot (Väter), Jerusalem 2003.

Vetter, Helmut (2004): Wahrheit, in: Ders. (Hg.): Wörterbuch der phänomenologischen Begriffe, Hamburg, 601-608.

Walach, Harald (2013/2005): Psychologie. Wissenschaftstheorie, philosophische Grundlagen und Geschichte. Ein Lehrbuch, Stuttgart.

Waldenfels, Bernhard (2007/1994): Antwortregister, Frankfurt/M.

Waldenfels, Bernhard (1971): Das Zwischenreich des Dialogs: Sozialphilosophische Untersuchungen in Anschluss an Edmund Husserl, Den Haag.

Wallace, B. Alan (2007): Contemplative science: where Buddhism and neuroscience converge, New York.

Wetzel, Sylvia (2014): Achtsamkeit und Mitgefühl: Mut zur Muße statt Hektik und Burnout, Stuttgart.

Wheelwright, Philip (1963): Bubers philosophische Anthropologie, in: Schilpp&Friedman, 62-86.

Worms, Frédéric (2013): Über Leben, Berlin.

Yamaguchi, Ichiro (1977): Ki als leibhaftige Vernunft: Beitrag zur interkulturellen Phänomenologie der Leiblichkeit, München.

Yontef, Gary M. (1999/1993): Awareness, Dialog, Prozess: Wege zu einer relationalen Gestalttherapie, Köln.

Gestalttherapie

Workshops, Gruppen, Beratung, Aus- u. Weiterbildung
für Menschen mit professionellem
Weiterbildungsinteresse und für alle, die persönliche
Wachstumswünsche haben.

Programme und Termine bitte erfragen,
oder informieren Sie sich auf **www.gestalt.de**

Gestaltkritik:
Die Zeitschrift für Gestalttherapie

www.gestaltkritik.de

Artikel, Archiv und die Programme der
Gestalt-Institute Köln & Kassel (GIK)

Gestalt Institute
Köln & Kassel
Dialogische Gestalttherapie

Gestalt-Institute Köln & Kassel (GIK)
Institutsleitung: Erhard Doubrawa
Zülpicher Str. 255 · 50937 Köln
Fon: (0221) 416163 · Fax: (0221) 447652
eMail: gik@gestalt.de · www.gestalt.de

www.gestalt.de

Edition der Gestalt-Institute Köln & Kassel (GIK) im Peter Hammer Verlag

Impulse zur seelischen Ganzwerdung
Robert A. Johnson, *Das Gold im Schatten*
Abraham Maslow, *Jeder Mensch ist ein Mystiker*
Thomas Atum O'Kane, *Die Überquerung der Lebensmitte*

Gestalttherapie – Einführungen
Erhard Doubrawa und Stefan Blankertz, *Einladung zur Gestalttherapie: Eine Einführung mit Beispielen*
Erhard Doubrawa, *Die Seele berühren: Erzählte Gestalttherapie*
Daniel Rosenblatt, *Gestalttherapie für Einsteiger: Eine Anleitung zur Selbstentdeckung*

Gestalttherapie – Bibliothek
Arnold Beisser, *Wozu brauche ich Flügel? Ein Gestalttherapeut betrachtet sein Leben als Gelähmter*
Stefan Blankertz, *Verteidigung der Aggression: Gestalttherapie als Praxis der Befreiung*
Judith R. Brown, *Zwei in einem Sieb: Märchen als Wegweiser für Paare*
Daniel Rosenblatt, *Gestalttherapie für alle Fälle: Eine Anleitung zum selbstbestimmten Leben*
Bruno Schleeger, *... und wo ist das Problem ...? Zen-Buddhismus und Gestalttherapie*
Stephen Schoen, *Die Nähe zum Tod macht großzügig: Ein Therapeut als Helfer im Hospiz*
Stephen Schoen, *Wenn Sonne und Mond Zweifel hätten: Gestalttherapie als spirituelle Suche*
Stephen Schoen, *Greenacres: Ein Therapie-Roman*
Barry Stevens und Carl R. Rogers, *Von Mensch zu Mensch*

Gestalttherapie – Klassiker
Stefan Blankertz, *Gestalttherapie Essentials: Das Wichtigste aus dem Grundlagenwerk von Perls, Hefferline und Goodman*
George Dennison, *Gestaltpädagogik in Aktion*, hg. von Stefan Blankertz
Anke und Erhard Doubrawa (Hg.), *Erzählte Geschichte der Gestalttherapie: Gespräche mit Gestalttherapeuten der ersten Stunde*
Frederick S. Perls, *Was ist Gestalttherapie?*
Laura Perls, *Meine Wildnis ist die Seele des Anderen: Im Gespräch mit Daniel Rosenblatt u. a.*
Erving Polster, *Zugehörigkeit: Eine Vision für die Psychotherapie*

Edition der Gestalt-Institute Köln & Kassel (GIK) im Peter Hammer Verlag

Erving und Miriam Polster, *Gestalttherapie: Theorie und Praxis der integrativen Gestalttherapie*
Erving und Miriam Polster, *Das Herz der Gestalttherapie: Beiträge aus vier Jahrzehnten*
James S. Simkin, *Gestalttherapie: Minilektionen für Gruppen und Einzelne*
Barry Stevens, *Don't Push the River: Gestalttherapie an ihren Wurzeln*

Gestalttherapie – Arbeitsbücher
Stefan Blankertz, *Gestalt begreifen: Ein Arbeitsbuch zur Theorie der Gestalttherapie*
Stefan Blankertz und Erhard Doubrawa, *Lexikon der Gestalttherapie*
Bernd Bocian, *Fritz Perls in Berlin 1893-1933: Expressionismus – Psychoanalyse – Judentum*
Victor Chu, *Neugeburt einer Familie: Familienstellen in der Gestalttherapie*
Erhard Doubrawa und Frank-M. Staemmler (Hg.), *Heilende Beziehung: Dialogische Gestalttherapie*
Robert L. Harman (Hg.), *Werkstattgespräche Gestalttherapie*
Peter Mortola, *Einführung in die Psychotherapie mit Kindern und Jugendlichen: Das Praxisbuch zum Violet-Oaklander-Training*
Michaela Pröpper, *Gestalttherapie mit Krebspatienten: Eine Praxishilfe zur Traumabewältigung*
Frank-M. Staemmler und Werner Bock, *Ganzheitliche Veränderung in der Gestalttherapie*
Gordon Wheeler, *Jenseits des Individualismus: Für ein neues Verständnis von Selbst, Beziehung und Erfahrung*
Gordon Wheeler / Stephanie Backman (Hg.), *Gestalttherapie mit Paaren*

Heilende Texte
Meister Eckhart, ausgewählt und kommentiert von Stefan Blankertz
Martin Buber für Gestalttherapeutinnen und Gestalttherapeuten, ausgewählt und kommentiert von Cornelia Muth

GIK-Business
Stefan Blankertz, *Wenn der Chef das Problem ist: Ein Ratgeber*
Hans Emge, *Wie werde ich Unternehmer? GIK-Businessguide Existenzgründung und Selbständigkeit*

Praxisadressen

von Gestalttherapeutinnen und -therapeuten

Liste nach Postleitzahlen und weitere Infos
...im Internet:

www.therapeutenadressen.de
www.gestalttherapie.de

...**oder** für 1,45 € in Briefmarken:

Therapeutenadressen Service
Zülpicher Str. 255, 50937 Köln